学科阅读推广工程

甄鸿启 主编

地理来了 ④

本 册 主 编：卞学昌　魏述秋

编 写 人 员：郇丽娟　蔺增华　张永丰
　　　　　　郭全其　亓立芹　上官景进
　　　　　　吕淑美

山东城市出版传媒集团·济南出版社

图书在版编目（CIP）数据

地理来了. 4 / 甄鸿启主编. — 济南：济南出版社，2018.1

ISBN 978-7-5488-2971-3

Ⅰ.①地… Ⅱ.①甄… Ⅲ.①中学地理课–初中–教学参考资料 Ⅳ.①G634.553

中国版本图书馆 CIP 数据核字（2018）第 004766 号

> 本书部分文字与图片作者无法取得联系，在此深表歉意。敬请作者及时与我们联系，我们将按国家有关规定支付稿酬并赠送样书。联系电话：0531-86131713

出 版 人	崔　刚
项目策划	周家亮
责任编辑	王小曼
封面设计	胡大伟
出版发行	济南出版社
地　　址	山东省济南市二环南路 1 号（250002）
发行热线	0531-86922073（省内）　0531-67817923（省外）
印　　刷	肥城新华印刷有限公司
版　　次	2018 年 1 月第 1 版
印　　次	2018 年 8 月第 1 次印刷
成品尺寸	170mm×240mm　16 开
印　　张	9.25
字　　数	138 千
定　　价	32.00 元

（济南版图书，如有印装错误，请与出版社联系调换。联系电话：0531-86131736）

以阅读拓展地理课堂　用阅读提升学科素养
（代序）

面对一幅幅地图，你是否产生过造物主般坐拥世界的激昂？阅读一篇篇游记，你可曾生发出身临其境般美妙的心灵悸动？这个世界很大，大到我们需要用一生去游历；这个世界很小，小到一本书就足以囊括所有的美好。

近年来，学科阅读的概念越来越受到重视。以教材为起点，引入丰富的相关文本，拉近课堂与课外的距离，拉近阅读与学习的距离，能使课堂变得更富有张力和活力，形成对课堂的深度学习，构建起学科思维和学科素养，并进一步拓宽学科视野与探究能力。

在此背景下，我们经过深入调查研究，认真总结分析，反思教材，反思教学，组织力量编写了这套《地理来了》。旨在引领初中生品读自然、感悟人文：读自然，就是品味世界的山水草木、风霜雨雪；读人文，就是感悟世界的文化民俗、发展历程。自然与人文体现着地理学的差异与综合，读地理，就是认识我们生活的世界。

《地理来了》的选材源于生活，又不仅限于生活；欣赏自然，又不满足于欣赏。它针对我们生活的方方面面，运用地理视角呈现自然与人文景观、文化和民俗特色，探究已知地理规律的运作原理，揭秘未知地理奇观的前世今生，在承继教材脉络、引申无限探索的同时，为地理学习备足了独立思考、拓展延伸的发散空间。

苏霍姆林斯基曾说过："让学生变聪明的方法，不是补课，不是增加作业量，而是阅读，阅读，再阅读。"相信聪明的您一定能从这套《地理来了》的阅读中，感受到地理学科的丰富多彩、生动有趣，让自己的地理学习之旅走得更有效、更坚实、更宽广。

目 录

一 南北分界线上的迷雾
秦岭不知分南北 …………………………………… 1
淮河找不到自己的家 ……………………………… 3
南北分界线地标之争 ……………………………… 4

二 印象中国
东北记忆——林海雪原 …………………………… 7
江南神韵——水乡古镇 …………………………… 8
西北辉煌——敦煌莫高窟 ………………………… 10

三 舌尖上的中国
口味中的地理 ……………………………………… 15
地理与饮食文化 …………………………………… 17
菜系的形成与地理 ………………………………… 20

四 东北边疆档案
中国最北端的县 …………………………………… 23
万里长城真正的东起点 …………………………… 25
"最美边城"丹东 ………………………………… 27

五 闯关东与东北振兴
"闯关东",一次移民壮举 ……………………… 30
从"闯关东"到"回山东" ……………………… 32
东北站上全面振兴的新起点 ……………………… 34

六 "天书"黄土高原

  黄土从哪里来 ·················· 37
  黄土高原"秀"旧颜 ·············· 39
  "黄土"披绿装 ················· 40

七 黄土风情誉神州

  穴居风景赛神仙 ················ 43
  高亢唱腔荡云间 ················ 46
  百怪民俗绘画卷 ················ 48

八 江南在哪里

  江南是丘陵区 ················· 53
  江南是梅雨区 ················· 55
  江南是方言区 ················· 57

九 喀斯特王国

  神奇的喀斯特 ················· 60
  乌江深处的喀斯特画廊 ············ 64
  欲把十渡比桂林 ················ 66

十 梯田,不只是风景

  梯田:等高线上的秘密 ············ 70
  哈尼梯田:天人合一的农业景观 ······· 73
  龙脊梯田:绝妙的大地雕刻 ·········· 76

十一 美丽台湾

  台湾印象 ···················· 81
  多元包容的文化 ················ 84
  漫步台湾岛 ··················· 87

十二 大漠孤烟直

  罗布泊迁徙之谜 ················ 92

两大沙漠要"握手" ………………………………………… 93
　　　"死亡之海"塔克拉玛干沙漠 …………………………… 95

十三　风的足迹
　　　各式各样的风蚀地貌 ……………………………………… 98
　　　西北遍布魔鬼城 …………………………………………… 100
　　　神秘的乌尔禾"魔鬼城" ………………………………… 102

十四　白云下面马儿跑
　　　"北国碧玉"呼伦贝尔 …………………………………… 104
　　　保护科尔沁 ………………………………………………… 106
　　　敖包相会在草原 …………………………………………… 107

十五　新疆的命脉——水
　　　绿洲的生命线 ……………………………………………… 110
　　　有头无尾的河流 …………………………………………… 112
　　　地下万里长城——坎儿井 ………………………………… 114

十六　离天最近的地方
　　　地球最后的秘境 …………………………………………… 117
　　　神灵眷顾的土地 …………………………………………… 120
　　　天堂的"错" ……………………………………………… 122

十七　美丽的格桑花
　　　每个节日都有故事 ………………………………………… 126
　　　转山转水转佛塔 …………………………………………… 128
　　　白色的崇拜 ………………………………………………… 130

十八　我要去西藏
　　　最美的风光在路上 ………………………………………… 133
　　　羊八井洗尘 ………………………………………………… 135
　　　布达拉宫朝佛 ……………………………………………… 136

一 南北分界线上的迷雾

在中国历史的发展进程中,"北方"与"南方"这种有特指意义的称谓,来源已久。春秋战国时,齐国晏婴使楚,就有"橘生淮南则为橘,生于淮北则为枳"的争论,说的是南北地域的不同,形成了物种之间的差异。

西晋、北宋时的"衣冠南渡",除涉及政权的更迭外,更涉及全国范围内经济、文化重心的南移。及至近现代,"南方""北方"的说法已屡见于官方文书和各种出版物,"北方人""南方人"的称呼更频现于民间的社会交往中。

但"南方"与"北方"的分界线究竟在哪里?秦岭—淮河一线历来是我国公认的南北方自然分界线,可是真的有一条线划分了中国南北方吗?

主题阅读

秦岭不知分南北

在中国中部,横亘着一条东西走向的山脉——秦岭。它就像一堵"挡风墙",阻止冬季冷空气南下,拦截夏季东南季风北上。

自古以来,秦岭因所处的特殊地理环境,以及由此而造成的南北气候变化和人文景观、生活习俗等方面的不同,被称为我国南北的分界线。习惯上称秦岭以南为我国南方,秦岭以北为我国北方。

大秦岭

1908年,中国地学会(后来的中国地理学会)首任会长张相文从自然地理分区的角度,首次提出"北岭淮水"为我国的"南北分界线",当时与南岭相对应的北岭即现在的秦岭。但张相信以秦岭—淮河划线分南北的想法在实际中却很难实现，因为秦岭不只是东西向一字排列的众多山头，而且是南北纵横数百公里的庞大山系。广义的秦岭是横亘于中国中部的东西走向的巨大山脉，西起甘肃省临潭县北部的白石山，以迭山与昆仑山脉分界。向东经天水南部的麦积山进入陕西省，在陕西省与河南省交界处分为三支，北支为崤山，余脉沿黄河南岸向东延伸，通称邙山；中支为熊耳山；南支为伏牛山。山脉南部一小部分由陕西省延伸至湖北省十堰市。秦岭山脉全长1600千米，南北宽数十千米至二三百千米，面积广大，气势磅礴，蔚为壮观。

在2008年出版的《中国生态地理区域系统研究》一书中，郑度院士等人在对秦岭南北的气候、植被进行了详尽的比较分析后，应用最新的科学技术手段，对秦岭地区的自然环境进行了分类。最终认为从综合的角度看，中国暖温带和亚热带在秦岭地区的分界线应该标定在主脊。但秦岭找不到明确的脊线，这种分法，怎样分还是一个未知数，也可能把一些高海拔山峰的最高点连起来算作脊线。

陕西师范大学地理系的刘胤汉教授经过多年研究，主张南北分界线应该画在秦岭南坡的800米等高线处。按照他的说法，由于山地的海拔逐渐升高，气温在下降，在海拔800米等高线的位置，亚热带就已经结束了，像橘子、竹子这些亚热带的指示性植物已经见不到了，南方到这里就应该结束了。因此，中国的南北分界线应该与南坡800米等高线重合。

已故著名地理学家任美锷先生却主张把中国的南北分界线画在秦岭北坡700米等高线处。因为从秦岭的北坡看，整个关中盆地是暖温带，但是随着海拔的上升，气温降低，在700米等高线处，已经不是暖温带了，而是山地气候。其实，任美锷先生是把秦岭看作出现在暖温带的一个山系。

既然秦岭上的南北分界线有这么多分法，秦岭分南北到底在哪里分呢？这的确就像秦岭上的云雾一样，扑朔迷离。而且在历史上，南北分界线是随气候变化而南北移动的。如果全球持续变暖，亚热带的北界将来甚至有可能要北推到黄河的中下游地区。

沿秦岭再向西，大致有两列东西走向的山脉与秦岭相连，一列是祁连山接阿尔金山一路向西，另一列就是西起帕米尔高原，向东绵延2000多千米的昆仑山及其余脉。如果秦岭向西分南北的话，这两列山系可供考虑。

淮河找不到自己的家

既然秦岭不能找出一条明确的界线把中国分成南北两部分，淮河能担此重任吗？

最让人困惑的是，淮河是一条丢失了下游的河流。秦岭东边的淮河是中国的一条大河，全长约1000千米。淮河流域上游两岸山丘起伏，水系发育，支流众多；中游地势平缓，多湖泊洼地；下游地势低洼，大小湖泊星罗棋布，水网交错，渠道纵横。历史上，淮河是一条从云梯关独流入海的河流，河道宽阔，水流通畅，沂、沭、泗河都是淮河的下游支流。南宋建炎二年（1128），为防御金兵南下，东京守将杜充在河南省汲县（今卫辉市）和滑县之间人为决堤，造成黄河改道，大部分河水从泗水分流入淮；至1194年，黄河又完成了一次大迁徙，河水全部夺淮入黄海。期间，黄河也多次从南岸决口，河水从淮河北岸支流涡河、颍河入淮河干流。受黄河长期侵淮夺淮的影响，淮河流域的地形和水系发生了很大变化，古济河、巨野泽和梁山泊已消失；河床普遍淤高，且留下了废黄河河床；形成了新的湖泊，如洪泽湖、南四湖和骆马湖。在这些湖的下游，河水或随运河南流入长江，或分几支东流入海。到了明代，沿洪泽湖修固大堤，使淮河彻底失去了独流入海的可能。此后，清朝、民国、中华人民共和国成立后都纷纷开挖人工渠道，导淮入江入海。因此，淮河流进洪泽湖后，就再没有什么"淮河"了，只有大运河、苏北灌溉总渠等众多沿运河分出的人工渠道。

苏北灌溉总渠

说淮河是中国的南北分界线，淮河下游已不复存在，怎样分？地理学家只好规定洪泽湖以下以人工水渠——苏北灌溉总渠为界分南北。但问题是，这条人工水渠并不是沿着纬线东西走向的，而是西南—东北走向，以此分南北总有些勉强。

尽管淮河南北的地形、河流及水文特征都有明显的不同，但这只能在离淮河南北两岸几百公里之外的地方才能看到一些差异。比如，淮河北岸的开封、郑州、徐州，与淮河南岸的武汉、合肥、扬州相比，才能看出北方与南方的差异。事实上，在淮河两岸，相隔一二十公里甚至更宽,并看不出气候、农业、自然景观等方面有什么变化。由于淮河流域主要是平原,南北冷暖气流畅通无阻,确实也不可能产生一条截然分明的南北分界线。以"橘逾淮而北为枳"为例,由于我国东部地区冬季南下冷空气强,常常带来对柑橘致命的低温,因此现今即使淮河以南的长江两岸,除了局部有利区域外,一般也没有种植柑橘的经济价值。

地表上的地带景观是连续的、稳定的,不会有这样一条线,两边的气候截然不同。植被和土壤也是一样,找不到这样一条线,两边的植被、土壤骤然一变。但是,人们都承认在秦岭—淮河一带,中国大地的自然景观、植被、农作物、土壤、生活方式等的确发生了质的变化。因此,就地标的意义而言,秦岭—淮河一线作为中国的南北分界线当之无愧。

南北分界线地标之争

横贯中国东西的秦岭—淮河一线被认为是中国南北方的自然分界线,这一观点一直得到国内地理、气候等方面专家的认可。淮安地处淮河之滨,北连黄河、南通长江,素有"南船北马"之说。2009年,淮安设立中国南北地理分界线标志园的项目最终获国家测绘局批准,同意淮安市人民政府在淮安市区设立中国南北地理分界线标志园。

虹桥

分界线上的标志物与淮安的一处历史遗存——老桥墩(规划建设的"虹桥")相融合,一并建设。该桥始建于20世纪30年代,曾见证过淮安的沧桑历史。分界线上的标志物与具有一定历史意义的老桥墩相融合,更增添了城市特色,也深化了文化内涵。标志物是一个球,位于虹桥中间位置,也是河道中心线位置。以球为母体,分为南北两半球,北侧为渐变冷色调,南侧为渐变暖色调,喻意地球上的南北气候特征。行人可从球中穿过,感受跨越南北气候带的感观变化。

淮安开始规划建设标志园的消息传出后,立即引起学界关注。中国科学院南京地理与湖泊研究所教授、博士生导师姚士谋认为,淮安地处淮河下游,是我国东部地区南北差异比较典型的地区,同时南北地理差异并不是哪个省哪个地区所能垄断的，也没有哪个城市能够绝对代表，因为这个地理过渡带是一个比较广的概念。如果要建中国南北地理分界线标志，应当考虑这个地区过去的文化传统和历史渊源、自然地理气候差异性等因素，另外还应结合各个城市历史的区位条件等进行考虑。所以，在淮安建设中国南北地理分界线标志，相对更加合适一些。

"火凤凰"雕塑

其实，早在2006年3月，安徽蚌埠建成号称中国南北分界线标志的雕塑"火凤凰"之时，关于中国南北地理分界标志城市的争论便首次引起了公众关注。2008年8月底，伴随着江苏淮安开建南北地理分界线标志园，这种争论再次蜂拥而起。面对蚌埠和淮安的举动，河南信阳则表示："信阳更有资格成为中国南北地理分界标志城市。"

信阳市从地质构造、气候条件、林业生态等各方面展开调查，论证了自己更具有中国南北地理分界线的典型性、代表性。信阳处于亚热带向暖温带过渡的地方，气候温暖湿润，降水充沛，既是中国南北的过渡带，又是中国东西的过渡带。他们认为，信阳兼具南北自然风情和人文风俗，既有中原文化热情好客的传统，也有楚文化细腻清秀的特征，是南北分界最明显的标志地。"以前，信阳还有很多江南风格的建筑，城市改造后，这些建筑才被拆除。信阳北边大多种植小麦，南边则种水稻，信阳的饮食风格、口音也都是南北兼容。信阳有山有水，无论是气候，还是动植物，都有明显的过渡特征。"资料显示，信阳境内的鸡公山是南北方的自然分界线，也是亚热带和暖温带的过渡地带，南北植物均可在这里安家落户，植被覆盖率高达87%，有各类植物2000多种，其中仅中草药就占600多种，被称为"天然植物园"和"天然中草药园"。淮河从信阳穿过，境内98.2%的面积属于淮河流域。同时，信阳又紧邻秦岭的余脉桐柏山，而淮河又发源于桐柏山，因此信阳正处于秦岭—淮河一线的中间点。河南省科学院地理研究所所长冯德显也认为，如果要建中国南北地理分界线标志，信阳的代表性更强。

拓展提升

在地理学家眼里，秦岭是南方和北方的分界线，是长江与黄河的分水岭；在气候学家眼里，秦岭是北亚热带和暖温带的过渡地带；在文学家眼里，秦岭和黄河并称为中华民族的父亲山、母亲河，秦岭还被尊为华夏文明的龙脉；在动物学家眼里，秦岭将动物区系划分为古北界和东洋界，两类截然不同的动物在这里交会……

在秦岭的高山密林里，还藏匿着鬣羚、斑羚、野猪、黑熊、林麝、小鹿、刺猬、竹鼠、鼯鼠、松鼠等数不清的哺乳动物，以及堪称世界上最为丰富的雉鸡类族群。"太白山上无闲草"，秦岭的植物不但花样繁多，而且独具特色。

思考：秦岭拥有如此得天独厚的生物资源，原因是什么？

延伸推荐

1.《中国地理百科丛书：秦岭》，中国地理百科丛书编委会编著，南方日报出版社2016年；关键词：秦岭，地理意义，地理特征，社会文化。

2.《河流文明丛书：淮河》，胡阿祥、张文华著，江苏教育出版社2010年；关键词：淮河，自然变迁，人文艺术。

3.《陕西专辑（下）》，《中国国家地理》2005年第6期；关键词：陕西，秦岭，太白。

二 印象中国

中华大地,广袤辽阔,地理差异显著:北国风光,千里冰封,万里雪飘;关外东北,白山黑水,林海茫茫;江南水乡,河湖荡漾,鱼肥稻香;东南丘陵,翠竹叠嶂;云贵高原,山奇水秀;西北草原,骏马驰骋;茫茫大漠,驼铃叮当;世界屋脊,雪峰连绵。

你印象中的祖国是什么?

主题阅读

东北记忆——林海雪原

在曲波的《林海雪原》一书中,纷纷扬扬的白雪,郁郁葱葱的森林,住着黑熊的大树洞,树上结满了猴头蘑菇,还有水草丰美的草甸子,晚上生起篝火,野鸡会撞到锅里去,还有诱人的狍蹄筋……让人对茫茫林海、苍苍雪原一直充满好奇和向往。

林海雪原

东北的大小兴安岭和长白山地是我国第一大林区,一般称为东北林区,林区绵延几千米,形成一片林海。东北原始森林里的树木葱郁茂密,遮天蔽日,站在森林里,只有中午很短的时间里才能见到阳光。因为树木长得很密,所以树木都争着往上长,树型挺拔高大,有的高达三十多米,是非常好的建筑材料。这里夏日漫天皆绿,树海苍翠蔽天;冬时大地银装素裹,茫茫一片林海雪原。

大兴安岭

由于这里纬度偏高，森林以中温带针叶—落叶阔叶混交林为主。据近年统计资料，全区森林面积共6.8亿亩，占全国森林总面积的37%；木材蓄积量达32亿立方米，占全国木材总蓄积量的三分之一。林区分为大兴安岭、小兴安岭和长白山地三部分。大兴安岭是以落叶松为主的林区，位于黑龙江省西北部和内蒙古东北部，主要树种有兴安落叶松、樟子松、红松、白桦、椴树、胡桃楸、水曲柳、柞树等。其中兴安落叶松占林区面积的86.1%，因此大兴安岭被称为"兴安落叶松的故乡"。小兴安岭林区位于黑龙江北部，西北接大兴安岭，东南隔松花江谷地与三江平原衔接，树种大部分与大兴安岭林区相同，但红松所占比重增大，是本区具有代表性的优质用材林，故小兴安岭又被称为"红松的故乡"。长白山林区位于吉林省、黑龙江省东部，主要植被类型为温带针阔叶混交林，著名的地带性树种有红松、落叶松、云杉、冷杉、赤松等。

曲波笔下的林海雪原在黑龙江省东南部的牡丹江流域，属于长白山支脉的张广才岭及其周边地区，是长白山林区的一部分，现属于黑龙江省海林市。由于受日本海暖湿气流的影响，这里降雨降雪都比较多。特别是在张广才岭和老爷岭森林地带，冬季积雪厚度常达1米，积雪期长达半年以上。这期间，每逢大雪漫天时，路径埋没，千里林海显得幽深难测，因此被称为"林海雪原"。至于那本已经红遍全国的著名小说，只是这茫茫雪原上闪耀的一角。走进寂静的山林，踏入及膝的雪径，在从天而降的雪道上飞驰，在童话般的雪堡中嬉戏，这里是雪的世界，这里是银色的乐园。一路风景一路行，在行走的路上看那浩瀚的林海、苍茫的雪原，总会有一种恍惚，仿佛穿越了时空。

江南神韵——水乡古镇

"江南好，风景旧曾谙。日出江花红胜火，春来江水绿如蓝。能不忆江南？"这首诗，总是把人们的思绪牵到风景如画的江南。而犹如人间天堂的江南水乡，曾令多少人梦里的脚步延展，徘徊在那梦里梦外的山水中，那古色古香的旧巷里。

江南水乡古镇是江南地区汉族水乡风貌最具代表性的地方，西塘、乌镇、周庄、同里、甪直、南浔、木渎、朱家角、光福、安昌、沙溪、荡口、杨桥、新市……都以其深邃的历史文化底蕴、清丽婉约的水乡古镇风貌、古朴的吴侬软语民俗风情，在世界上独树一帜。其中，周庄、同里、甪直、西塘、乌镇、南浔是最著名的六大古镇。

周庄人家因水而筑，粉墙黛瓦的深宅大院，雕梁画栋的临水小阁，比比皆是。尤以沈厅、张厅气势非凡，历经百年，风姿依旧。元末明初，家住周庄的江南首富沈万三曾经资助明政府修建南京三分之一的城墙，但最后仍然得罪了朱元璋，被流放到云南，客死他乡。如今沈厅仍在，这个颇有分量的古民居中主人公的悲剧让人浮想联翩，为周庄的流水小桥平添一分沉重的气氛。

周庄

清丽古朴的同里古镇，水田肥沃，物丰富庶，人杰地灵，素有"东方小威尼斯"之誉。同里的特点在于明清建筑多、水乡小桥多、名人志士多。镇内有明清两代园宅38处，寺观祠宇47座，有士绅豪富住宅和名人故居数百处之多。古镇原有"前八景""后八景""续四景"等二十多处自然景观，今尚存"东溪望月""南市晓烟""北山春眺""水村渔笛""长山岚翠"等景观。

同里

甪直古镇由数量较多的湖泊、池塘和水池环绕，古镇的外观保持着中国的传统建筑特色。甪直有风格各异的桥，石头铺成的街道，护岸栏板上还雕有各种各样美丽的花纹。妇女制作的工艺品具有非凡的创造力，展现了甪直传统服饰的独特价值。甪直妇女的服饰制作手工艺被国家列为第一批非物质文化遗产名录。甪直镇保存了很多古建筑，如桥梁、寺庙、名人故居、牌坊、古井等。这些建筑或高或低，构成了异常丰富的空间意境。这里的大型宅院布局合理，尺寸合宜，颜色优雅，装修精致；普通

甪直

住宅看起来轻巧、简洁。漫步甪直,河水清清,环境幽雅,令人惊讶于古老的先民们的勤劳和智慧……

南浔不单外美,而且内秀,富有浓郁的文化气息。南浔虽是浙江的古镇,但与其他古镇有所不同。这里少有老屋长廊、石桥深巷,却有众多的江南名园,而且这些园子多为中西合璧的风格,其中最著名的便是江南名园小莲庄和嘉业堂藏书楼。另外,明代百间楼风貌奇特,清代张石铭和张静江故居别有情致。

南浔

西塘自然环境十分幽静,一拱如月的石桥,桨声四起的流水,青瓦灰墙的人家,处处绿波荡漾,家家临水映人。古镇上保存着完好的明清建筑群落,廊棚和古弄堪称"双绝",具有别样的风韵。在一处又一处诱人的景色中,那些寻常的巷陌、寻常的人家,才是西塘最为迷人的景色。西塘宛若一支幽幽的洞箫:深沉、幽雅,意境绵长悠远。

西塘

乌镇不大,却是水陆交通要地。古镇内河道如织、石桥纵横、高墙深巷、水阁飞檐,到处都呈现出典型的水乡景致。在乌镇游览,眼里满是水的影子。踏着百年前的石板路,人和周围的一切都好像在水雾织成的梦里。乌镇是一个颇具文化底蕴的古镇,中国现代文学史上著名的文学家茅盾就出生在这里。

乌镇

西北辉煌——敦煌莫高窟

河西走廊的最西端敦煌,作为古丝绸之路上的名城重镇,古老文明在此汇

二 印象中国 011

敦煌

聚,各个民族在此集散,神秘的异域风情和古老的传说让人们对这里生出无限向往。其中,位于敦煌市东南25公里鸣沙山东麓断崖上的敦煌莫高窟,更因其独一无二的艺术、文化、历史等价值,成为不少人"一生必去"的胜地。

莫高窟号称千佛洞,素有"东方卢浮宫"的美誉,是世界上现存规模最大、营建时间最长、内容最丰富、保存最完整的佛教石窟寺庙遗址之一。在一片沙漠戈壁中,一扇南北绵延约1600米的崖壁上布满了洞窟,其规模之宏大,无论远观或近看,都能给人以无尽震撼。

作为一颗散落于敦煌的明珠,莫高窟历史之悠久也算得上无出其右,其开凿历史最早可以追溯到十六国时期。相传前秦建元二年(366),僧人乐尊途经此地,忽见金光四射,如现万佛,当下便在岩壁上凿出了第一个洞窟,用于修行、弘法。自此以后,往来于丝绸之路的僧侣、巧匠纷纷在这片崖壁上凿洞建窟,将这里打造成高低错落、鳞次栉比的"墙壁上的图书馆"。随着丝路逐渐繁荣,莫高窟的发展更为兴盛,在武则天时期达到顶峰。

莫高窟

千百年来，莫高窟历经沧海桑田，现余北魏至元的洞窟七百余个，一律由民间自发雕凿而成。但这并不代表可以一次性将所有洞窟一览而尽，每一次进入石窟，都会提高洞窟内二氧化碳的浓度和湿度，从而加速壁画氧化的速度。60年前色彩依旧鲜艳明丽的壁画，几十年后便会褪色甚至消失，且这样的破坏不可逆转。

莫高窟洞窟众多，大致可以分为大像窟、涅槃窟、覆斗顶形窟、殿堂窟、中心塔柱窟、影窟、禅窟、僧房窟和瘗窟九大类石窟，其中以大像窟、涅槃窟、覆斗顶形窟最为著名。

1. 大像窟

窟如其名，石窟主室内有一尊标志性的石胎泥塑大像立于高台之上，不同石窟内塑像展示出的雕凿手法和特点，都足以反映一个朝代的经济、政治、文化等背景。其代表为初唐第96窟，石窟依山崖而建，高达45米，以九层飞檐楼阁的建筑模样迎接来人，是莫高窟中标志性的洞窟，人们也称其为"九层楼"。它之所以有如此高度，是为了供奉一尊世界最大的室内盘腿而坐的泥胎弥勒菩萨的造像。这尊石佛建于唐代，其造像端庄温婉，面部丰盈圆润，具有典型的唐代特色，俗称"北大佛"。

初唐第96窟

2. 涅槃窟

佛教中，展示涅槃的佛陀多以侧躺的形态出现。因此，在莫高窟中，涅槃窟内多是一张横贯全窟的佛床，佛床上塑有佛陀的涅槃像，这类洞窟成横矩形，顶部为券顶。其代表为中唐第158窟，其中涅槃侧躺的巨佛是佛祖释迦牟尼，佛像面目祥和，带着一丝意味深长的微笑。在睡佛身后，还有一群释迦牟尼的弟子，各种姿态，栩栩如生，表情刻画得十分传神。

中唐第158窟

3. 覆斗顶形窟

这类洞窟多受汉墓形式影响，因窟顶形如覆斗而得名，整个窟形平面呈方形，也是莫高窟中数量最多的石窟类型。其代表为西魏第249窟，窟顶部西坡画有阿修罗，手托日月；南坡画有道教题材的西王母，后有人首龙身的开明神兽随行，朱雀、玄武、青龙、白虎分布各壁。由壁画便能窥出，此时外来佛教已经与中国传统文化相互融合，其潇洒劲力的线描也鲜明地显示了那时民族艺术的特色。

敦煌石窟各洞窟本身是一种建筑空间，而莫高窟前后绵延的时间之长、历代所凿洞窟之多，比起国内其他石窟来，都是首屈一指的。它的洞窟形制，各个时期均有所不同；同一时期的洞窟，在主要盛行某种基本形制的同时，又有其他一些不同形式。这些不同的洞窟，系统反映了十六国、北魏、西魏、北周、隋、唐、五代、宋、西夏、元等十多个朝代及东西方文化交流的各个方面，是人类稀有的文化宝藏。

拓展提升

青藏高原平均海拔在4000米以上，总面积约250万平方千米，是全世界最高最大的高原，被喻为"世界屋脊"和"地球第三极"。

在青藏高原的边缘和内部，纵横分布着喜马拉雅山、昆仑山、喀喇昆仑山、唐古拉山、冈底斯山、念青唐古拉山、横断山脉等众多山脉，这种特殊的地貌类型是其成为"水塔"的先决条件。

除了特殊的地形条件，还有哪些原因使青藏高原成为"亚洲水塔"呢？

首先，青藏高原广泛发育着冰川、积雪和冻土。除了南北极以外，青藏高原是地球上冰川分布最广泛的地区，拥有36793条现代冰川，面积达到了49873.44平方千米，冰储量为4561立方千米。青藏高原上还分布着面积广大的

西魏第249窟

积雪，它是我国三大积雪分布中心之一。青藏高原也分布着世界中低纬地区面积最大、范围最广的多年冻土区，占中国冻土面积的70%。其中，青南—藏北冻土区又是整个高原分布最为广泛的，约占青藏高原冻土区总面积的57.1%。除多年冻土之外，青藏高原在海拔较低区域内还分布有季节性冻土，即冻土随季节的变化而变化，冻结、融化交替出现，呈现出一系列融冻地貌类型。

其次，青藏高原是世界上最大的分水岭之一，长江、黄河、澜沧江、怒江、雅鲁藏布江等世界著名大河均发源于此，是亚洲众多大江大河的发源地。高原上河流按其归宿分外流和内流两大水系，外流水系主要在高原东部和藏南地区，内流水系多分布在高原西北部腹地。其中内流水系区湖泊面积大、湖泊率高，最为典型的就是藏北大湖区，湖泊面积超过$2×10^4$平方千米，占青藏高原湖泊总面积的48%，是中国湖泊面积最大、最集中的地区之一。因此，青藏高原对亚洲具有重要的水资源意义。

总之，特殊的地形、丰富的淡水资源和发源河流的重要水资源意义，共同使青藏高原成为名副其实的"亚洲水塔"。

思考：青藏高原为什么被称为"地球第三极"？

延伸推荐

1.《中国古建筑之旅：江南水乡古镇》，许超著，江苏科学技术出版社2014年；关键词：古镇，解读，建筑，人文。

2.《话说丝绸之路》，刘迎胜著，安徽人民出版社2017年；关键词：陆上丝绸之路，海上丝绸之路，起源，线路，历史文化。

3.《丝绸之路与敦煌文化》丛书，敦煌研究院编，樊锦诗主编，江苏美术出版社2016年；关键词：丝绸之路，敦煌文化，莫高窟，飞天艺术，榆林窟。

4.《青藏光芒》，马丽华著，北京十月文艺出版社2018年；关键词：本青藏高原，科考研究历程。

三　舌尖上的中国

对于中国人来说，吃是一种文化。中国的饮食文化有着源远流长的历史，演变至今，形成了各具特色的地方菜系及相应的饮食习惯。一个地方饮食习惯的建立与许多因素有关，其中一个最重要的因素就是地理环境。2012年中央电视台热播的纪录片《舌尖上的中国》，让大江南北的观众享用了一场精神饕餮盛宴，也领略了中国各地丰富的地理知识。从云南的松茸到浙江的冬笋，从南方的水磨年糕到北方的面条，从发酵的腐乳到腌制的腊肉，无不令我们神往。

主题阅读

口味中的地理

中国人口味之杂，堪称世界之冠，但也有一定规律可循。"南甜北咸，东辣西酸"，在一定程度上反映了我国饮食文化的地区差异，同时也反映出人们的口味与地理环境存在着一定的联系。

一、西酸

山西人能吃醋，可谓"西酸"之首。他们吃饭前，往往要喝三调羹醋用以"解馋"。改革开放前，每逢春节，别处都供应一点好酒，太原的油盐店却都贴出一个条子："供应老陈醋，每户一斤。"有人来给姑娘说亲，当妈的先问："他家有几口酸菜缸？"酸菜缸多，就说明家底深厚。

山西酸菜

其实仔细观察不难发现，黄土高原、云贵高原及其周边地区的水土中含有大量的钙，所以他们的食物中钙的含量也相应较多，易形成结石。这一带的劳动人民，经过长期的实践，发现多吃酸性食物有利于减少结石等疾病，久而久之，他们也就养成了爱吃酸的习惯。

二、东辣

湘、鄂、赣、贵、川及东北的朝鲜族等地居民多喜辣,我国流传有"贵州人不怕辣,湖南人辣不怕,四川人怕不辣"的说法。贵州人一生吃的辣椒极多,而且朝天椒、野山椒均不在话下。在川北,有一种辣椒本身不能吃,把它们用根线吊在灶上,汤做好后,放在汤里涮涮,就辣得不得了。四川的"麻辣烫"更是全国闻名,可以说,没有不辣的四川名吃,四川名吃不辣,也就谈不上"名吃"了。如今,人们除了管四川女子叫"川妹子"外,还称其"辣妹子",原因大概也基于此。

麻辣水煮鱼

喜辣的食俗多与气候潮湿的地理环境有关。我国东部地处沿海地区,东北的朝鲜族所在地气候也湿润多雨,冬春阴湿寒冷;四川虽不处于东部沿海,但地处盆地,更是潮湿多雾,一年四季少见太阳。这种气候导致人的身体表面湿度与空气饱和湿度相当,汗液难以排出,令人感到烦闷不安,时间久了还易患风湿寒邪、脾胃虚弱等病症。而吃辣椒易出汗,经常吃可以驱寒祛湿,养脾健胃,对健康极为有利(对当地人而言)。另外,东北地区吃辣还与寒冷的气候有关,因为吃辣可以驱寒。

三、北咸

过去,对北方人来说,冬季新鲜蔬菜非常罕见。鲁迅先生曾说:"胶东的白菜运往北京,便用红头绳系了菜根,倒挂在水果店头,美其名曰'胶菜'。"这是因为,我国北方地处暖温带,冬季寒冷干燥,夏季温和多雨,气温年较差大。过去在冬季,即使少量的蔬菜也难以存放,人们又不舍得短时间内"挥霍"掉,便把菜腌制起来慢慢"享用"。这样一来,北方大多数人也养成了吃咸的习惯。

四、南甜

南方甜味菜——松鼠桂鱼

人说苏州菜甜,其实与无锡的相

比，苏州菜不过是口味较淡。无锡脆鳝是一道名菜，加工时会放很多糖。不仅是炒菜，就连包子的肉馅里也会放很多糖。这对北方人来说，有些难以适应。广东、浙江、云南等地居民也大多爱吃甜食。这是因为南方多雨，光热条件好，盛产甘蔗，蔬菜更是一年多熟，不需要储存。南方人被糖"包围"着，自然也就养成了吃甜的习惯。

当然，"南甜北咸，东辣西酸"只是个笼统而又相对的说法。我国地大物博，饮食习惯差异很大，甚至在局部地区也有许多不同之处，这与各地的经济发展、民族习俗和个人习性也有重要关系。

地理与饮食文化

人们择食，多是"靠山吃山，靠水吃水"，就地取材，越是在历史的早期就越是如此。例如，东南沿海地区，人们嗜食鱼虾；西北地区与海无缘，当地居民基本不吃海产；北方草原地区盛产牛羊肉和牛奶，人们的饮食中就离不开牛羊奶酪和肉食；长江中下游地区则是"饭稻羹鱼"。不同地区的饮食生活有较大的区别，饮食文化更是各具特色。受地理环境的影响，我国逐渐形成了不同的饮食文化区域。

一、东北饮食文化区

东北饮食文化区包括今辽、吉、黑三省的全部及内蒙古自治区的赤峰、通辽、呼伦贝尔三市在内的一个饮食文化历史区域。这一区域土壤肥沃，地面水源丰富，草原肥美，平原广阔，山林原野动植物及江河湖海水生资源丰富。这里的气候特点是无霜期短，冬季严寒而寒冷期长，因此人口稀少。这种特定的自然地理环境和生态环境，使这里的饮食文化形成了自己的特点。

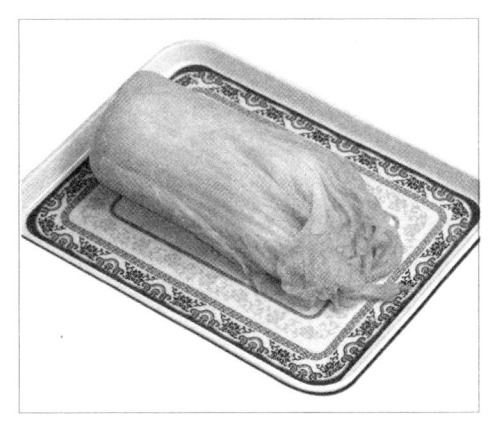

东北酸菜

东北的经济结构是畜牧、种植、射猎、渔捞、采集等各种成分并存，与黄河和长江流域相比，人们所食的畜、鱼、兽等动物蛋白明显偏多。由于地处多雪地带，食物中动植物脂肪含量、盐的摄入量都略高于其他地区，同时喜辛辣味。冷冻食品种类多、数量大、持续使用时期长，是东北饮食文化的典型特点。冻肉、冻鱼、冻干粮、冻水果,尤其是冻豆腐更是一大特色。由于无霜期短,当地产时鲜蔬菜品种和数量少,因而在旺产季节大量晾干菜以备冬春两季食用是东北各民族的习惯。另外,家家户户还挖菜窖,以贮存大量的白菜、萝卜、马铃薯等。每家都有数个大小不等的咸菜坛,腌有各种家蔬野菜,蛋和肉的腌存也很普遍。此外,最具有特色的是用白菜腌渍的酸菜,与猪、羊、鸡肉和鱼一起做成菜,味道鲜美无比。

二、长江下游饮食文化区

长江下游饮食文化区大致范围包括今长江下游两岸的苏、浙、皖大部、沪、赣局部等地区。安徽菜以烹制山珍野味、河鲜与讲究食补见长。徽菜之重火工是历来的传统,其独到之处集中体现在擅长烧、炖、熏、蒸等功夫菜上,基本味型是咸鲜微甜,注重原汁原味,适应面广。江苏菜擅长水产原料的制作,注重鲜活;讲究刀工,注重火工,擅长炖、焖、煨、焐;注重本味,清鲜平和,咸甜适中。江苏小吃是荤素兼备,口味清淡平和,咸甜适中,乡土风味浓,扬州点心、苏州小吃颇负盛名。浙江菜品具有醇正、鲜嫩、细腻、典雅的特色,讲究时鲜,取料广泛,多用地方特产,烹调精巧,善治河鲜海味。浙江小吃以米、面为主料,选料配料广泛而精细,造型美观,形成风味各异的糕团点心、面食、豆品等小吃系列。上海菜具有清新秀美、温文尔雅、风味多样、富有时代气息的特点,追求的是口味清淡、讲究真味,刀工精细,配色和谐,滋味丰富、口感平和,形式高雅脱俗。上海小吃品种繁多,兼具南北风味,制作精致,应节适令,充分体现了现代大都市的文化特征。

西湖醋鱼

三、西北饮食文化区

以今天的新疆地区为主,兼及陇、青、藏等省区邻近地带,构成了历史上的西北饮食文化区。地广人稀、少数民族分布广是这一饮食文化区域的主要特点。农业、畜牧、种植业是这一地区的主要生产部门,小麦、水稻是主要的粮食品种;肉类主要是羊;奶、奶茶、奶酒和众多的奶产品是各少数民族普遍食用的美食;以葡萄、哈密瓜、西瓜等瓜果为代表品种的瓜果种植是举世闻名的。在西北饮食文化内,北疆与南疆的饮食风格也存在着一些差异。北疆除维吾尔族、蒙古族和锡伯族等少数民族之外，主要居住着哈萨克族。哈萨克族人民爱吃馕、羊油炸面团、羊肉面片、抓肉、马腊肠、奶茶、马奶子酒、奶油等20多种富有特殊风味的食品。平时多吃羊肉，通常的吃法是大块白煮的抓肉。晚秋季节宰杀牲畜后开始熏制冬肉。马肉灌制的腊肠不仅风味特殊，而且可以长期保存。过去基本不吃蔬菜，现在粮食、蔬菜也成了日常食物。南疆居民，除汉族外，主要有维吾尔族、柯尔克孜族、塔吉克族、蒙古族、乌孜别克族等少数民族，其中维吾尔族的人数占绝对优势。维吾尔族人民以面粉、玉米、大米为主食，平时喜欢喝奶茶，佐以玉米面或面粉制成的烤饼——馕。用羊肉、羊油、胡萝卜、葡萄干、葱和大米制成的具有民族风味的"帕罗"，是节日或待客不可缺少的珍贵食品。

新疆馕

四、青藏高原饮食文化区

青藏高原饮食文化区以青藏高原为基本文化区域，由今西藏自治区全部及青海、四川、甘肃、云南等毗邻省份或文化接近的部分地区构成。独特的地理环境、发达的佛教文化和政治历史等因素，决定了青藏高原饮食文化的基本内容和独特风格。农牧业是青藏高原的主要经济状态。这里的农作物有青稞、大麦、玉米、豌豆、小麦、荞麦等。蔬菜和水果的比重不是很大，盛产许多珍贵的中药材。植物类品种有洋芋、豌豆、虫草、甘草、当归、柴胡等，动物类有鹿茸、麝香等。把春天采来的野菜煮肉汤或晒干贮为冬用，是藏民的传统习俗。牧业以牦牛、绵羊、山羊为主，马、牛、驴、猪、骡等也大量饲养。河中的各种细鳞鱼虽然很多，但是很少有人食用。糌粑、牛羊肉、各种面食是藏民的主食料，但不同地区间各种主食的比重又因农牧业发展的程度不同而有所侧重。"茶桶一响，酥油三两"，这句名谚说明了酥油茶在人们日常生活中的重要性。

（作者：范川风；选自《饮食习俗》）

菜系的形成与地理

菜系是指在一定区域内，由于气候、地理、历史、物产及饮食风俗的不同，经过漫长历史演变而形成的一整套自成体系的烹饪技艺和风味，并被全国各地所承认的地方菜肴。我国早期饮食分为四大菜系：山东菜系、四川菜系、江苏菜系、广东菜系。后来随着饮食文化的发展，四大菜系又进一步派生出许多支系，例如粤菜分为广州菜、潮州菜和客家菜三大流派。

一、山东菜系

北方菜系的代表，孕育于春秋战国时代，是最古老的一大流派，对华北、东北一带有很大影响。鲁菜文化底蕴深厚，选料考究，刀工精细，以爆、炒、烧、炸、熘、焖、扒等技法见长，味道多为咸、鲜、酸、辣、五香、酱香、葱香、蒜香等味。菜肴色彩鲜艳，多呈金黄色或枣红色。传统名菜有九转大肠、汤爆双脆、德州扒鸡、奶汤鱼肚等。鲁菜善用葱香调味，还精于制汤，讲究丰满实惠，大盘大碗，反映了山东人爽朗好客的个性。

九转大肠

二、四川菜系

起源于四川盆地，对长江上中游及西南地区影响大，多用辣椒、花椒、胡椒调味。辣椒原产于美洲，明末传入中国。四川盆地气候潮湿多雾，适当进食辣椒可以增加热量、怯风去湿，所以辣椒很快在这里获得推广。川菜以麻辣著称，油浓、味重，传统名菜有麻婆豆腐、宫保鸡丁、东坡肘子、夫妻肺片、回锅肉等。

东坡肘子

三、江苏菜系

在太湖流域的水乡形成，影响江浙一带，以江鲜为特色，尤以烹制河鲜、湖蟹、蔬菜见长。烹调方法多为炖、焖、蒸、烧、炒等，着重用汤，讲究原汁原味，风味特点是清鲜、滑嫩、爽脆，肥而不腻，淡而不薄。传统名菜有蟹黄狮子头、松鼠桂鱼、荷包鲫鱼等。

蟹黄狮子头

四、广东菜系

广东临大海，背负山丘，喜欢吃生猛海鲜。生猛指火候不深，"一沸而起，甘鲜脆美，不可名状"。这里的山珍海味原料丰富。粤菜在烹调技法上吸取了西方菜肴的特长，擅长煎、炸、炒、焗、炖等，口味以清淡、生脆、爽口著称。著名粤菜有烤乳猪、盐焗鸡、豹烩三蛇等。广东地处南亚热带地区，夏季炎热漫长，煲汤和喝粥可以补充人体的水分和营养，因此粤菜中汤和粥的品种繁多，适应时令。

盐焗鸡

中国各大菜系各具特色，有人说鲁菜、皖菜犹如传统朴实的北方壮汉，苏菜、浙菜好比清秀素丽的江南美女，川菜、湘菜就像内涵丰富、才艺满身的名士，粤菜、闽菜宛如风流典雅的公子。八大菜系所体现的地域文化特点大致与民居、园林、戏剧、歌舞等相吻合。

（作者：王万里；选自《地理教学》2012年第18期）

拓展提升

中国饮食文化起源于烹饪诞生之时，相传远古时期燧人氏钻木取火，随即彭祖为尧帝烧制"雉羹"（鸡汤）。到商周时期，烹调的原料已经非常丰富，有"五谷"——稻、黍、稷、麦、菽，"五菜"——葵、藿、薤、葱、韭，"五畜"——牛、羊、猪、犬、鸡，"五果"——枣、李、栗、杏、桃，"五味"——米醋、米酒、饴糖、姜、盐，等等。当时已经产生了轻薄精巧的青铜食具，还有专门为天子准备的"周代八珍"，由二饭六菜组成。春秋时期，孔子对饮食文化的发展建树累累，他提出"食不厌精，脍不厌细"，注重"食不言""席不正不坐"的饮食礼仪，强调"色恶，不食；臭恶，不食；失饪，不食；不时，不食"等饮食要求。魏晋南

满汉全席

北朝时期,受道教思想的影响,人们追求"长生不老",在饮食方面追求"医食同源""药食如一"。唐宋时期,随着航海事业的发展,海鲜产品开始上桌食用,象鼻、驼峰、熊掌等野味也开始进入宴席。明清时期,民族融合,中国饮食文化出现南北交融的特点,"满汉全席"以其礼仪隆重、用料华贵、菜点浩繁而成为中国名菜。

思考:传统文化对中国的饮食文化有何影响?

延伸推荐

1. 《饮食文化》,林胜华主编,化学工业出版社2010年;关键词:饮食理论,饮食审美,饮食精髓,饮食风俗。

2. 《舌尖上的文化》,清渠著,北京工业大学出版社2015年;关键词:饮食文化,餐桌礼仪,舌尖文化。

3. 《中华饮食文化史》,赵荣光著,浙江教育出版社2016年;关键词:饮食文化,地域,食材,工具,食礼。

4. 纪录片《舌尖上的中国》,中国中央电视台2012年;关键词:各地美食,饮食习惯,饮食文化。

四　东北边疆档案

漠河是我国最北端的县，漠河所辖旅游景点北极村是中国最北部的村镇，也是中国境内唯一可观赏到北极光和极昼、极夜现象的地方，每年都吸引了大批游客前去"找北"。

万里长城万里长，长城的真正东起点在哪里呢？不是具有"天下第一关"之称的山海关，而是辽宁省丹东市的虎山。早在汉朝时，虎山就被看作是王朝的东北大门，成为东北边防的"桥头堡"；今天的丹东市已经发展成为"最美边城"，是东北亚经济圈与环渤海、黄海经济圈的重要交会点……

东北有着位置特殊的漫长边疆，让我们走进它，探寻它悠久的历史，发现它自然的神奇和壮美。

主题阅读

中国最北端的县

漠河，位于北纬52°10′—53°33′，是我国纬度最高的县，也是我国最冷的

北极村

县。一年中平均气温在0℃以下的月份长达8个月，1月份的平均气温达-30.6℃，还曾出现过-52.3℃的极端最低气温，而这里的年平均气温只有-5.5℃。因为天寒，漠河为多年连续冻土区，冻土层深达100米以下，即使夏季地表解冻，融化层也只有2米左右。

漠河人有许多值得骄傲的东西。除森林资源及金、煤、石油等丰富的矿产资源以外，还有山鸡、野猪、鹿等珍禽奇兽数百种，江中的狗鱼、鳇鱼、鳕鱼等冷水鱼享誉海内外，山中的牙格达、山葡萄、都柿果还是制作果酒和饮料的极佳原料，林中还有猴头、木耳、松菇、灵芝……

然而，最令漠河人以及旅游者关注的是当地的两大自然景观——白夜和北极光。

白夜，每年夏至，由于太阳光直射北回归线，使得坐落在北半球的我国形成了昼长夜短的现象。而漠河在我国最北端，白昼极长，黑夜极短，是我国白昼最长、黑夜最短的地方。夏至这一天，漠河的日照时间长达17个小时，日落之后，晚上11时天仍然很亮。人们坐在白夜里能够看书、写字、下棋，午夜1时至2时夜幕降临，但天是灰蒙蒙的，人们相距十几米仍可辨清对方。此时，晚霞与朝晖在漠河上空交相辉映，景色异常绚丽。夜幕持续不足两个小时，天又放亮，当地人说：一场电影没放完，天又大明大亮了。

漠河的另一景观：夏至前后夜间能看到的北极光。极光是一种发生在地球极地罕见的自然现象。它的产生，是由于太阳发出的高速带电粒子受地球极地磁场的影响而偏向两极，并与大气层中的分子、原子猛烈撞击而产生的光束。在南极发生的叫南极光，在北极发生的叫北极光。

北极光的形状多种多样，目前人们看到的有的像圆弧，有的像圆柱，有的呈带状，有的呈梭状，有的似葫芦等。颜色有的是橙红，有的是紫色，有的是杏黄，有的赤橙黄绿青蓝紫各色相间。极光从初现到消失，在空中停留的时间有长有短，短则几分钟，长达几十分钟，如1957年在此出现的一次弧形极光就达45分钟之久，并且其间变幻莫测，五颜六色，缤纷奇丽，可谓壮观。

漠河县是我国观测北极光的最佳地带，所以漠河县委、县政府将夏至定为"北极光节"。每年这一天，海内外成千上万游客欢聚该县的北极村，既度过难得的白夜，又盼望着能观赏到神奇的北极光。但是北极光并非年年出现，据了解，当地一些中老年人大都见过北极光，而年轻人见过的并不多。

（作者：杨仕明；选自《中学地理教学参考》）

万里长城真正的东起点

提到万里长城,不少人都会想到那条东起山海关,西至嘉峪关,横亘了万里山河的世界奇迹,但是鲜有人知道,万里长城的真正起点,其实并不在山海关,而是在更东边的虎山。

虎山位于辽宁省丹东市的东北,由两个并排的山峰组成,原名叫"马耳山",远远看去就像老虎竖起来的两只耳朵,所以也被当地人称为"虎耳山"。虎山的山峰挺拔险峻、易守难攻,除了这座山,周围全是平地,这个难得的制高点也就成为国境线鸭绿江畔的天然军事堡垒。

早在汉朝时,虎山地区就被作为王朝的东北大门。元封元年(前110),汉武帝为了防止北方少数民族向鸭绿江以西进犯,在辽东郡设置了西安平县,并派遣军队驻扎,现今虎山南边的鸭绿江沙洲上还有西安平县的县址。西安平县设立之后,汉朝和高句丽在这里进行了旷日持久的争夺。东汉建武二十五年(49)和阳嘉元年(132),高句丽两次进犯西安平县,并侵占了县城,直到建宁二年(169),玄菟太守耿临发兵讨伐,才收复了西安平县。

此后,到了三国两晋南北朝时期,高句丽都没有放弃过对虎山地区的争夺,数度派兵侵占,并将当地居民掳为奴隶,到北燕时,辽东全境都被高句

虎山长城

丽所占领。直到唐朝时,唐王朝发兵彻底击败高句丽,虎山才重回中原王朝怀抱。

频繁的争夺与厮杀,让中原王朝认识到这块地方的重要性。为抵御外族入侵,明朝成化年间,开始修建虎山的万里长城,虎山遂成为明朝东北边防的"桥头堡"。这一点在《明史·兵志》中得到证明:"终明之世,边防甚重。东起鸭绿,西抵嘉峪。"

但是,长城的修建显然并不能完全防御外族的入侵。明朝末年,辽东的建州女真建立后金,与明朝在辽东开始频繁的战争,在天命四年(1619)的萨尔浒大战中,辽阳总兵刘挺率领东路军从虎山绕道,打算直捣后金,却被努尔哈赤诱敌深入打得惨败。大战失败后,衰弱的明朝再也没有能力抵抗后金的入侵,整个东北都被后金所侵吞。

虎山长城的起点

得到东北的后金很快改国号为清,并以迅雷不及掩耳之势南下统一了中国。统一中国之后,清朝为了巩固保护自己在东北的发祥地,将整个辽东划为禁区,并以被战争损坏的长城为界,插上柳条作为禁区的标志,称作"柳条边"。从此之后,山海关成为限制出入的关卡,被认为是万里长城的起点,虎山的长城则被作为"柳条边",逐渐被世人所遗忘。

虎山长城上的烽火台

不过,暂时的遗忘并不代表平静。

1894年,甲午中日战争爆发,日军在攻下朝鲜义州(今属新义州)之后,渡过鸭绿江进犯虎山,虎山的清军在孤立无援的情况下作战,前路总兵马金叙和后路总兵聂士成先后惨败,日军占领了虎山,直逼辽阳。惨败的清政府随后签订了《马关条约》,辽东因此成为日本的势力范围。短短的几年之后,为了争夺在辽东的利益,日本和俄国两个帝国主义国家在辽东发动了"日俄战争"。1904年4月,日军大将黑木为桢亲率属下的师团,在虎山打败了俄军。为纪念胜利,日军竟然在战场的遗址上留下了纪念碑，纪念碑一直保留至今，这段屈辱的历史，也永远刻在了石头上……

（作者：沐飒寒；选自《环球人文地理》2013年第7期）

"最美边城"丹东

丹东位于辽宁省东南部的鸭绿江畔，是一个以工业、商贸、物流、旅游为主体的沿江沿海沿边城市，行政区划面积1.52万平方千米，下辖三县（市）三区和一个国家级边境经济合作区。

丹东是交通便捷的枢纽城市。丹东地处东北亚的中心地带，也是规划中的东京至首尔至北京国际大通道的核心枢纽站，已形成了陆、海、空立体交通网。铁路交通距平壤220千米，距首尔420千米，是贯穿整个东北亚铁路大动脉上的重要枢纽。公路交通距沈阳220千米，距大连252千米，已经开通的丹沈、丹大高速公路，使丹东与沈阳、大连构成辽宁开放的金三角。正在建设的东北东部铁路及丹通高速公路打通了东北东部新的出海通道，将使东北东部十三个城市丰饶的资源直接面向海洋。我国北方天然不冻良港——丹东港距韩国仁川港仅245海里，与韩国、日本多个港口直接通航，是连接韩国、日本的十分便利的海上通道。丹东民航机场正在争取成为口岸机场。

丹东是风光迷人的休闲城市。丹东依山、临江、面海，风景优美，气候宜人，夏无酷暑，冬无严寒，年平均气温9℃，素有"北国江南"之美誉，是东北地区最温暖湿润的地方，生态环境在国内屈指可数，是最适合人类居住的城市之一。丹东淡水资源丰富，拥有河流1000多条，人均占有淡水量是全国的1.5倍、辽宁省的4.5倍。森林覆盖率达66%，是支撑辽东半岛的一把天然绿伞。丹东拥有国家、省级以上旅游风景区、自然保护区和森林公园24处，是全国优秀旅游城市和辽宁省园林城市。这里开发的赴朝旅游、边境旅游、温泉洗浴、海滨度假、高尔夫球场等特色项目令游客流连忘返，成为世人向往的休闲之都。

丹东是环境优美的江海城市。丹东是我国万里海疆的最北端起点，有着绵延126千米的黄金海岸线。城市背靠翠绿的青山，头枕蔚蓝的黄海，侧依碧波荡漾、如诗如画的鸭绿江，与朝鲜隔江相望。江海之滨拥有10.8万公顷国家级湿地保护区，是世界北迁徙禽的第一大停歇地，每年都有数百万只鸟类在这里迁徙、栖息，莺歌燕舞、蔚为壮观。江海造就了丹东的许多天然美景，也承载着丹东人未来发展的希望。为了有效拓展城市发展空间，使城市向江边、港口、海洋靠近，丹东正以全新的思路、全新的创意规划建设丹东新区。新区由上海同济大学规划设计院院长、上海"世博会"总规划师吴志强教授亲自组织规划，规划理念为：显山露水，随山就势，做足山水文章，打造山水城市，使丹东成为名副其实的花园之市、江海名城。

丹东是商机无限的开放城市。丹东处于东北亚经济圈、环渤海经济圈的交会处。1988年，经国务院批准成为沿海开放城市。2006年，列入辽宁省"五点一线"开放战略。累计兴办三资企业近2000家。国家实施振兴东北老工业基地和辽宁"五点一线"开放战略的优惠政策，为丹东加快发展提供了重大机遇；丹东新区开发、临港产业园区和港口建设等，为投资丹东提供了巨大的商机；丹东水电资源丰富，劳动力资源素质高，再加上完备的基础设施，为投资丹东提供了最基础的条件。随着辽宁沿海经济带上升为国家战略，丹东作为经济带中唯一的边境城市，必将担负起辽宁新一轮开放战略中左翼先锋的重任。

丹东是产业雄厚的新兴工业城市。丹东工业历史悠久，造纸、纺织、服装、日用品等产业极具竞争力，孔雀、康齿灵等品牌享誉全国，曾有轻工业明星城市的美誉。伴随着轻工业的发展延伸，形成了门类齐全、基础雄厚的产业结构，农副产品加工业、交通运输设备制造业、能源工业、金属矿开采及冶炼压延加工业、纺织服装业、机械

"最美边城"丹东

设备制造业成为优势产业，黄海客车、曙光车桥、化纤等产品在国内外有较高声誉。丹东水电、风电、火电齐全，发电能力位居辽宁省第二位；外向型的特色农副产品基地在国内外享有很高的声誉，是全国最大的草莓、板栗和贝类养殖生产和出口基地；商贸服务业、物流业蓬勃发展，是辽宁省最重要的出口商品集散地。

拓展提升

长期以来，民间把"窗户纸糊在外，姑娘叼着大烟袋，养个孩子吊起来"称为"东北三大怪"。所谓"怪"，其实是外地人对本地民俗、生活习惯、社会现象的一种看法。

1. 窗户纸糊在外：因为天气寒冷，所以一到冬天大家都会用纸条把窗户的缝隙糊起来，这不奇怪，但是奇怪的是糊在外面，那是因为东北的冬天长达4—5个月，糊在屋里容易被水汽弄湿，也容易被窗户缝的风吹坏。所以早些年，在没有现在的塑钢窗户之前，东北家家户户都会这样做。

2. 姑娘叼着大烟袋：东北的冬天非常冷，当人们在外面劳作的时候，抽旱烟可以驱除寒气。另外，烟有防蛇、防蚊虫的作用，人们在大山里劳作歇息时抽烟，吐出的烟雾能让毒蛇不敢靠近。旧时的东北，刚进门的媳妇要给亲戚们敬烟（旱烟袋），要求是点着了敬上，所以姑娘要早学会抽烟袋才能过这一关。

3. 养个孩子吊起来：东北地广人稀，山里狼虫虎豹出没，这样既保证孩子的安全，荡起来的时候孩子更容易入睡。另外，炕烧得热了孩子容易生病，摇车把这一问题也解决了。

思考：东北三怪与东北的自然环境有何关系？

延伸推荐

1. 《美丽黑龙江》，董恒年主编，蓝天出版社2015年；关键词：地理概况，自然风光，人文古迹。

2. 《东北方言与文化》，王世凯、杨立英著，中国国际广播出版社2014年；关键词：方言，文化，历史演变。

3. 《东北的土灶》，卢海娟著，万卷出版公司2016年；关键词：风俗，饮食，民情，风貌，习惯。

4. 《东北民间故事》，李海生著，黑龙江教育出版社2016年；关键词：民间故事，传说由来，鬼狐神怪，惩恶扬善，故事笑话，睿智哲理。

5. 《舌尖上的东北》，阿城著，武汉大学出版社2013年；关键词：东北，饮食，情感。

五 闯关东与东北振兴

电视剧《闯关东》曾在中央电视台的黄金时间播出，史诗般的故事引起中国广大观众的关注、共鸣。"山东人闯关东"的历史持续了300多年，在中华民族发展史上留下了悲壮一页。

从清朝开始，山东屡发罕见天灾，迫于生计，齐鲁大地上的农民们推着小车、挑着担子，用自己的两条腿，开拓出了一条充满艰辛血泪的"闯关东"之路。"闯关东"是一次空前的移民壮举，是祖先们无奈的选择，也是他们敢打敢拼的真实写照。先辈们垦荒拓出了一个个"山东村"，即便在黑土地上生活了几十年、几百年，人们还保留着山东人的生活习惯，永远山东味十足。

"老爸闯关东，儿子闯山东。"随着改革开放的发展，东北三省的"闯关东"后裔们，早已有了"雁南飞"的趋势。东北经济发展遇到困难，东北振兴势在必行。

主题阅读

"闯关东"，一次移民壮举

关东，指山海关以东的地区，即今辽宁、吉林、黑龙江省所属的东北大地。康熙年间，"关东"这个词开始被官方和民间广泛使用。"闯"是会意字，从门从马，本意是猛冲。通常所说的"闯关东"，是指从清朝顺治年间到中华民国这段时期内，山东、河北、山西、河南等地的百姓去关东谋生的历史。因为"闯关东"的人中山东人占了绝大多数，所以山东人成为"闯关东"的代表。

"闯关东"老照片

"闯关东"之所以为"闯"，主要是因为在相当长的时间内，这是在清政府的禁令下进行的活动。康熙七年（1668），清政府宣布关闭山海关的大门，关外被列为禁区，严禁汉人进入。北方流民进入关东地区就是犯了朝廷禁令，这在当时是件极为凶险的事情。但为了生计，他们只能冒险"闯"入东北。这便是"闯关东"的由来。

后来，清政府由盛转衰，国力一日不如一日，闭关禁令也时紧时松。19世纪，黄河下游连年遭灾，清政府虽依旧禁关，成千上万的破产农民却不顾禁令，冒险闯关。道光年间改变政策，变封禁为放垦，允许关内人到东北地区开垦土地。至1840年，关东人口已经突破300万，比100年前猛增了七八倍。鸦片战争后，清政府对边疆的控制日益削弱，俄国不断侵蚀黑龙江边境，清政府采纳了关东地方官员的建议，于1860年正式开禁放垦，流民入关不再被视为非法。1897年，这里彻底开禁。但由于"闯关东"这一说法已经约定俗成，所以便一直沿用下来。清政府此举，既减轻了关内人口压力，又充实了边防。此外，对移民还"酌量给以工本"。所有这些，都促成了一股"闯关东"的狂潮，到1910年，东北总人口已增至1800万人以上，比1840年增长近5倍。

进入民国时期，"闯关东"浪潮居高不下，在20世纪20年代中期达到高峰。38年间（1912—1949），山东人"闯关东"的数量达到平均每年48万人之多，其中1927年、1928年、1929年连续三年超过百万。至中华人民共和国成立前夕，东北地区已有近4000万人，多为"闯关东"者以及他们的后裔。

近代中国的三次大移民，以"闯关东"历经时间最长、移民人数最多。据史料记载，从1860年到1949年，迫于生计的华北穷苦百姓，先后有3000多万人相继踏上关东大地，为中国乃至世界移民史上最大的一次迁徙活动，也是人类有史以来最大的人口移动之一，是近代史上空前的大举。

因此，现在黑、吉、辽三省大多数汉族居民的先祖都来自山东、河北、山西、河南等黄河下游地区的省份，特别是山东人，可以占到其中的70%—80%，其次是河北人。为什么山东人居多呢？

最直接的原因是"山东人闯关东实质上是贫苦农民在死亡线上自发的不可遏止的悲壮的谋求生存的运动"。几个世纪以来，特别是进入近代，山东地面上天灾不断，人祸接踵，旱涝交替，战乱频繁，兼之人口大量增长，地域愈为紧蹙，加上清朝晚期政府的政策导向，使得大批为生活所迫的穷苦农民，一为活命，二为发展，选择"闯关东"。山东谚语云："死逼梁山下关东。"举目四望无所依的穷人只有两种选择：其一，逼上梁山，扯旗造反；其二，闯入关东，刨口饭吃。这也是山东人乃至绝大多数中国人"种地为上"的传统思维定式所决定的。

山东人"闯关东"还有一些重要原因，譬如说地利。山东人远离家乡求生存，往南是苏北皖北，往西是豫东冀东南，这两个方向同样是地少人多，穷人也在往外跑；往东是大海，于是只有往北走海路，渡过并不太难渡过的渤海湾东部，由山东半岛北端到辽东半岛南部。

山东人"闯关东"除了经济原因外，与其传统性格也有密切的关系。齐鲁之地，民风诚实、尚义、勤劳、节俭、好客、粗犷、豪放，如此等等，加在一起，就是"山东好汉"。这是山东人闯关东的文化素质。在天灾人祸的逼迫下，乡土意识淡化，冒险精神增强，乃是一种正常的心理过程。粗犷、豪放的山东人敢于远走他乡，勤劳、节俭的山东人可以在东北获得生存的空间，诚实、尚义且好客的山东人能够与他人和睦相处，赢得尊重与信任。

旷日持久、声势浩大的"闯关东"，不仅是一段波澜壮阔的移民史，也是一个非常独特的历史文化现象。"闯关东"者的到来，不仅促进了东北地区生产力的发展，也给中华民族的文化传承带来了深远影响。"闯关东"加强了不同地区之间的文化交流，创造了特有的"闯关东精神"。浩浩荡荡的"闯关东"大军书写了中国人民奋斗史上辉煌的一页，伟大的"闯关东精神"也是中华民族的宝贵财富，值得我们好好继承和发扬下去。

从"闯关东"到"回山东"

改革开放以来，我国经历了近40年的持续高速发展。但由于历史、体制等多方面的原因，东北地区经济难以适应市场经济的要求，经济发展速度、质量和结构与东部沿海地区差距逐渐拉大，曾经的辉煌渐渐远去。人口迁移的方向也发生根本性改变，由全国人民源源不断地"闯关东"，变为东北人口越来越多地"回山东"。

从全国看，与持续高速的经济增长相对应的是人口和劳动力的大规模流动。从1980年到2014年，全国流动人口从600余万增长到2.54亿，增长了37倍。流动人口（劳动力）在国内生产总值增量中所做的贡献超过20%。但是，东北地区在这一场人口和劳动力流动的"盛宴"中，吸引的人口和劳动力越来越少，流失的人口和劳动力越来越多。

从人口和劳动力流动的流入地分布来看，过去40年，全国流动人口越来越多地流向东部和南部沿海城市。但是，以东北作为流入地的流动人口在全国流动人口总量中所占比例，则从1982年的16.8%，渐次降到1987年的13.02%、1990年的11.79%、2000年的7.55%、2005年的6.95%和2010年的6.2%。显然，东北地区对流动人口和劳动力的吸引力每况愈下。

从人口流动的流出地分布看，40年来，全国人口和劳动力主要从农业地区如四川省、安徽省、河南省等地流出。作为工业基地的东北地区原本不应成为人口净流出地区，但现实的情况则是，东北地区在过去40年里人口和劳动力流出数量越来越大，流出地越来越广泛。仅以2000—2010年为例，东北地区人口增长率仅为2.79%，其中，吉林人口增长几乎停滞，10年仅增加0.67%，辽宁和黑龙江人口的10年增长率也仅为3.21%和3.85%，比全国平均水平低。形成鲜明对比的是，同期北京、上海、广东、浙江等经济飞速发展地区的人口增长率分别高达44.5%、159%、20.7%、16.37%，这些地区人口的高速增长与东北地区的"人口没落"形成鲜明对比。

根据第六次全国人口普查数据，2010年，东北地区共有151万跨省流动人口迁入，流出东北地区的流动人口有370万人，这意味着东北地区净流出219万人。其中，黑龙江和吉林都是人口净流出，只有辽宁省有少量净流入人口。从流向来看，从东北流出的人口中，42%流向京津冀地区，18%流向山东，13%流向了江浙沪地区，7%流向广东，东北人口和劳动力主要到这些地区寻找就业和增加收入的机会。

应当说，目前东北地区人口流失状况主要是最近二三十年来其经济发展状况不佳的结果。改革开放以后，市场经济体制在沿海各地蓬勃发展，而东北地区既没有实现产业结构合理化，也没有充分发挥市场机制的作用，因此在经济建设上也越来越处于不利地位，后继发展动力不足，经济发展压力较大。

改革开放前，东北地区的工资水平一直高于全国的平均水平。进入20世纪80年代以来，东北地区的工资水平进入缓慢增长阶段。以黑龙江为例，1983年以前城镇职工的平均工资一直高于全国的平均水平，这种格局在1984年发生根本性转变。1978—2012年，全国平均工资从615元增加到46769元，增加了75倍，而黑龙江则从721元增长到36406元，增加了不足50倍。2012年，黑龙江的城镇单位就业人员平均工资仅相当于同期北京的43%、天津的60%、上海的46%和广东的72%。一个地区的工资水平是决定人力资源去留的主要和直接因素之一，东北三省较低的工资水平必然会导致一定程度上的人口流失。

（作者：段成荣、吕利丹、秦敏；选自《中国党政干部论坛》2015年第7期）

东北站上全面振兴的新起点

犹如起跑线上响起了发令枪,2003年的中央11号文件(《中共中央国务院关于实施东北地区等老工业基地振兴战略的若干意见》),把东北推上了发展的快车道。时隔6年,东北又站上了全面振兴的新起点:国务院33号文件(《国务院关于进一步实施东北地区等老工业基地振兴战略的若干意见》)明确提出,东北地区老工业基地要在应对国际金融危机中实现新的跨越,加快形成具有独特优势和竞争力的新的增长极,为全国经济发展做出更大贡献。

东北地区是祖国富饶美丽的土地。新中国成立后,东北成为共和国工业的摇篮,新中国的第一架飞机、第一辆汽车、第一台机床、第一吨特钢、第一吨铝,都是在这里产出。"铁人"精神、大庆精神和"鞍钢宪法"等更是为新中国的发展贡献出一批宝贵的精神财富。然而,20世纪80年代以来,在市场经济大潮的冲击下,这里一度沉寂彷徨,东北老工业基地长期积累的体制性、结构性矛盾日益显现。曾几何时,提到东北人们就会联想到一个词语——"东北现象":大批国有企业陷入困境,大量职工下岗失业,经济发展缓慢。

自从2003年中央11号文件拉开东北老工业基地振兴的大幕,还是那方肥沃的黑土地,还是那些豪爽的东北人,在短短几年的时间里谱写了"新东北现象":2008年,东北三省经济总量达到28196亿元,与2003年相比,5年经济总量翻了一番多,年均增长13.05%。2008年,吉林省经济增速位列全国第二;辽宁省经济增速保持了不低于东部沿海地区的平均速度,在全国也位居前列;黑龙江省连续5年保持11.6%以上的经济增速。东北进入了历史上发展最好最快的时期,东北人民的生活在振兴中得到了极大改善。

事实证明,中央实施东北地区等老工业基地振兴战略的决策是及时的、正确的。推进东北老工业基地全面振兴,要坚持以改革开放为动力。继续深化国有企业改革,建立健全现代企业制度,构建具有活力的微观经济运行机制。大力推进行政体制改革、综合配套改革,带动各项事业全面发展。要充分发挥东北地区既沿边又沿海、地处东北亚区域中心、与周边国家和地区的经济互补性较强的独特优势,努力推进沿海沿边全方位对外开放,全面提升对外开放的层次和水平。

推进东北老工业基地全面振兴,要坚持以结构调整为主线。实行国有经济有退有进的战略性调整，增强其影响力、控制力和效益。加快发展非公有制经济和中小企业。调整产业结构，谋求一、二、三产业均衡发展。着力推进自主创新，做优做强装备制造等支柱产业。大力发展高技术产业和金融、物流、旅游、软件服务外包等现代服务业。加快发展现代农业，形成稳固的商品粮基地。建设若干个具有国际竞争力的现代产业基地和产业集群，发挥辐射带动作用，加强协作，提升区域整体竞争力。

推进东北老工业基地全面振兴，要坚持以可持续发展为目标。切实保护好生态环境，决不能走以牺牲生态环保换取经济增长的老路。要坚持以人为本，解决好重点民生问题，让老工业基地人民群众切实享受到振兴的成果。

站在新的起点上，只要坚持以科学发展观为指导，坚持改革开放不动摇，不断开拓进取，努力真抓实干，确保振兴东北等老工业基地战略的各项政策措施落到实处，东北就一定能再展雄风，重铸辉煌！

（选自《人民日报》2009年10月26日）

拓展提升

新村屯这个名不见经传的小村屯，在当地却是小有名气。一是因为这个屯的人靠着饲养奶牛发家致富，而另外一个重要的原因则是，整个屯子99%的人都来自原山东省聊城市范县（现为河南属地）。即便在黑土地上生活了50多年，他们还保留着山东人的生活习惯，人称此地为"山东村"。

走进哈尔滨市松北区对青山镇胜利村新村屯，看到的是家家红砖绿瓦，户户奶牛成群，谁也想不到这里曾经是盐碱地高达90%的不毛之地。

20世纪50年代，很多人响应国家开发"北大荒"的号召，主动报名投身"北大荒"开垦事业。当时新村屯还不叫屯，而是和军队的编制一样，被称为某团某连，后被命名为新村屯。那时还流传一句顺口溜"蒜瓣土、破皮黄、盐碱地、涝洼塘，十年九荒不打粮"，粮食、油等都要靠政府的救济，生活十分艰苦。

穷则思变，对青山镇党委、政府因势利导，鼓励当地村民利用当地的饲草资源优势发展奶牛畜牧业，从而走出了一条强屯富民的新路。据2006年统计，"山东村"户均奶牛存栏5头，年产鲜奶

东北村庄

1200吨，年实现收入200万元，成为全镇闻名的富裕村。

但在这里，你还会有种身在山东的感觉。他们讲话时，会时不时地冒出一句别人听不懂的山东方言。在村民家里，一张可容纳六七个人同睡的大火炕上的中间，摆放着一张吃饭用的四方桌子，那饭桌上还有像拳击手套一样大的馒头，胶东的气息扑面而来。

思考：东北地区"山东村"形成的原因是什么？这体现了哪些地理环境因素？

延伸推荐

1.《闯关东那些事儿》，《山东商报》编，中国工人出版社2009年；关键词：闯关东，民族精神。

2.《闯关东：2500万山东移民的历史与传说》，刘德增著，山东人民出版社2008年；关键词：闯关东，历史，精神。

3.《历史上的大移民：闯关东》，沈健著，北京工业大学出版社2013年；关键词：移民，历史原因。

六 "天书"黄土高原

黄土高原是目前世界上最大的黄土堆积区,与极地冰川、深海沉积并称为地理学的三部"天书"。

黄土高原土层深厚,地形破碎,到处是深深的沟谷和荒凉的土山。这片古老的土地,至今我们都不能准确地知道它诞生的时间和诞生的方式。黄土高原是怎么形成的?高原上的黄土是土生土长,还是来自异国他乡?它经历了怎样的变迁?在历史上它又是什么样的自然景观?是森林区还是像现在这样光秃的荒草区?让我们因循史料记载,去窥探古代黄土高原秀丽容颜。

主题阅读

黄土从哪里来

黄土高原地形破碎,到处都是深深的沟谷和荒凉的土山。可以说,世界上再也找不到一块区域这样大的、完全由黄褐色的土质覆盖的土地。它北到长城一线,南到秦岭,东到河北与山西分界的太行山,西到甘肃省境内的乌鞘岭,包括山西、陕西的大部分,甘肃、河南、河北、内蒙古的一小部分,在总面积四五十万平方千米的土地上,完全是一个黄土的世界。

黄土高原引起世界各国科学家们的

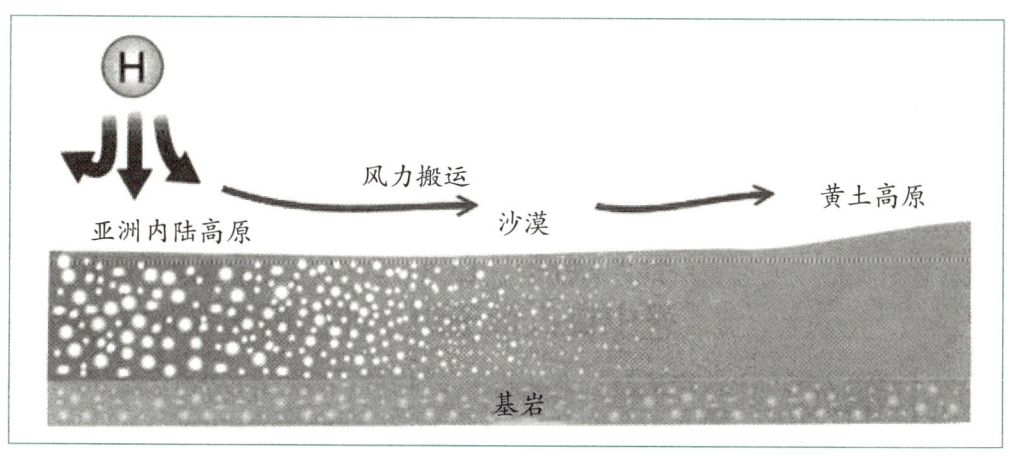

黄土形成示意图

普遍注意：这么大面积的黄土到底是怎样形成的呢？

一种观点认为，黄土是当地岩石风化造成的。科学家推测，由于地质年代十分久远，风化时间十分漫长，天长日久，完全可能使当地岩石逐渐风化成粉末，在当地堆积成厚厚的黄土。

另一种观点认为，黄土是由流水挟带的泥沙堆积形成的。科学家发现，在一些黄土的地层剖面上，有明显的分层现象，这种分层现象无疑是流水形成的最好证据。可是，反对者提出不同意见。他们研究发现，黄土高原上的黄土分层现象并不明显；相反，在几十米厚的黄土层里，上下几乎都是一种非常细致的黄土层。

到了20世纪六七十年代，黄土风成说逐渐占了上风。简单地说，就是黄土高原上的黄土是由大风吹送，经过几十万年甚至上百万年漫长的时间，逐渐堆积形成的。

最早提出风成说的是一位俄国学者，他到过中亚的许多地方。在调查中他发现了一个奇怪的现象：在辽阔的中亚地区分布着大片砾石遍地的戈壁滩，在戈壁滩的外围分布着几片有名的沙漠，即哈萨克斯坦的卜拉库姆沙漠、中国的塔克拉玛干沙漠、巴丹吉林沙漠、腾格里沙漠，再向外就是广布于我国黄土高原上的黄土。从戈壁，到沙漠，再到黄土，三种不同粗细的物质，由粗到细，由细到更细，大约呈同心圆的方式分布着。这个现象说明了中国黄土高原上的黄土肯定是由大风把中亚、中国的戈壁和沙漠地区中的细土吹到黄土高原上的。

起初，支持这个学说的人并不多。因为，在一些人眼里，黄土高原上几十米甚至上百米厚的黄土层怎么能是大风吹来的呢？

中国科学家的工作给了黄土风成说强有力的支持，他们找出了夹杂在黄土地层中的大量植物孢粉化石。通过对这些孢粉的分析，可以判断形成黄土时的气候是一种比较干旱的多风环境，有利于黄土的搬运和堆积。同时，通过对不同地区黄土颗粒的分析，结论是黄土的颗粒越往东南方向越细，相反越接近沙漠地区就越粗。这些事实无疑是黄土风成说的有力证据。

我国著名地质学家刘东生院士经过大量的野外考察和实验分析，提出了有重要突破的"新风成说"。这种学说把风成沉积作用从黄土高原顶部黄土层拓展到整个黄土序列，并把过去只强调搬运过程的风成作用扩展到物源—搬运—沉积—沉积后变化这一完整过程。新风成说得到了国际上的广泛接受，刘东生也由此被国际上公认为"中国黄土序列的古环境研究之父"。

黄土与黄土高原是中国最独特的自然景观,它面积辽阔,历史久远。黄土本身也蕴藏着许多科学奥秘,有待于我们进一步去发掘和研究。

黄土高原"秀"旧颜

黄土高原在中华民族发展史上曾居重要地位,被认为是中华民族的发祥地。

黄土高原成为"中华民族的摇篮"不是偶然的,主要原因在于那里有着较好的自然环境。古文献记载和考古发现表明,古代黄土高原的自然环境比今天要好得多。这里生长着茂密的森林,树木既有松柏等针叶树,也有多种阔叶树大乔木,在沟谷中生长着由阔叶树形成的茂密的森林。而在由厚层黄土堆积而成的黄土高原和黄土丘陵沟壑地上,既生长着大乔木,也生长小乔木以及种类众多的灌木,还有面积很广大的天然草地,草本植物很茂盛。在这样的生态环境中,栖息着多种食草动物,有成群的野鹿、野羊,数不清的野兔,还有虎、豹、熊等大型食肉动物。这种自然条件为我们祖先提供了丰富的食物来源和良好的生存环境。

那时,土壤侵蚀的程度很轻,许多河流(包括黄河)含沙量比今天小得多。古代的黄土高原上许多河流被称为青河,这里的湖泊也很多。在今天的西安地区和关中平原,因湖泊很多,周代到汉代期间,白天鹅、野鸭等飞禽在众多湖泊中栖息,成为关中地区的一大景观。

从汉代以后,黄土高原的自然环境逐渐恶化。特别是从唐代以后,自然环

曾经的黄土高原

境的恶化明显加重。

生态环境恶化一方面有自然原因，气候环境比古代要冷并且变得干旱，但更主要的原因是人类对自然界的不合理利用，主要是人口增加对耕地的需求导致过度开垦土地，并由此破坏了天然植被，天然草地、森林和灌木林一片片消失。另外，因建筑和燃料用材需要砍伐森林，使天然森林面积大为缩小。

植被破坏导致土壤侵蚀加剧。原先平坦的黄土高原变得破碎，进入一种广种薄收、越垦越穷、越穷越垦的恶性循环，最终导致土壤持水能力下降、许多天然湖泊消失、河流含沙量增加、洪枯水位差增大等生态环境恶化、经济文化大衰退的结局。

黄土高原生态环境的恶化表明，一个地区生态环境的破坏很容易也很快，但恢复起来却非常缓慢，且极为困难，因为一定的自然环境是自然界历经数万、十万乃至数百万年的漫长时期逐渐演化的结果。

今天，再将黄土高原绿化是极为艰巨的工作。中华人民共和国成立以来，国家投入大量人力、物力、财力进行绿化和综合治理，虽然取得很大成绩，但距离根治还有很大距离。但只要按照自然规律，因地制宜，按地域和地形部位合理地种植组合，并配合水利工程，便有希望将黄土高原治理成秀美的山川。

"黄土"披绿装

让黄土高原变绿，让黄河水变清，让黄沙后退，是黄土高原生态建设的"三大目标"。自1979年起，我国先后启动实施了"三北"工程、天然林资源保护、退耕还林等一系列生态治黄工程。

"三北"工程就是在西北、华北、东北风沙危害、水土流失严重的地区，建设大型防护林工程，形成带、片、网相结合的"绿色万里长城"，从根本上改善域内生态环境和生产条件。黄土高原生态修复是"三北"工程主要战略目标之一，具体措施则是植树造林、发展林果、涵养水土。

权威数据显示，近40年来，"三北"工程在黄土高原完成造林779.1万公顷，加之其他生态工程的植树造林，使黄土高原区森林覆盖率由1977年的11%提高到目前的19.55%，建成了区域性防护林体系骨架，森林生态系统得到初步恢复。山西省"三北"工程黄土高原区造林153.4万公顷，森林覆盖率达27.8%；甘肃省"三北"工程黄土高原地区完成造林248万公顷，森林覆盖率达18.6%；陕西省"三北"工程黄土高原区293.4万公顷，森林覆盖率达32.74%；宁夏回族自治区黄土高原地区森林覆盖率由1977年的1.1%提高到现在的9.84%，生态状况已经明显好转……

"三北"工程不为单纯造林而造林，栽致富树、发展特色林果成为黄土高原生态修复的重要组成部分。甘肃省在黄土高原地区造经济林近800万亩，陕西省经济林面积已达135.6万公顷，山西省临汾市干鲜果品由1978年前的11.91万亩发展到84.88万亩。目前，在晋陕沿黄地区及甘肃陇东、宁夏等地，大力发展起来的红枣、花椒、核桃、枸杞等生态经济兼优树种，农业产业结构得到优化。

黄土高原水土流失治理是一场攻坚战。"三北"工程坚持山、水、田、林、路统一规划，生物措施与工程措施相结合，封山育林，禁牧育草，按山系、分流域综合治理。山西省通过"三北"工程建设，新增治理水土流失面积260万公顷；甘肃省"三北"工程造林涵养水源面积5.77万公顷，保持水土面积12.75万公顷，控制水土流失面积205.36万公顷。30多年来，"三北"工程新增治理水土流失面积15万平方千米，使治理水土流失面积达到23万多平方千米。近50%的水土流失区域得到不同程度治理，水土流失面积减少2万多平方千米，土壤侵蚀强度大幅度下降，年入黄河泥沙减少4亿吨左右，有效控制了水土流失。"三北"工程给黄土高坡染上层层绿意，古老的荒原重获新生。

8月末的内蒙古乌审旗，绿意盎然。全旗森林总面积达550多万亩，形成了以人造板、饲料加工和生态旅游、生物质发电为主的林业产业体系，走出了一条沙漠增绿、资源增值、农牧民增收、企业增效、地方增税的治黄兴绿之路。

植树造林、封山禁牧、退耕还林、退牧还草，转变了人们的思想观念，促使乌审旗等黄土高原地区传统耕作方式和畜牧模式开始转变，奠定了绿色增长的物质基础。长期以粮食为主体的种植业向粮经结合的种植结构转变，减少了水土流失，改善了土壤结构，提高了土壤肥力；畜牧业生产方式开始向规模化、集约化的养殖模式转变，为黄土高原农业增效、农民增收、农村发展提供了丰厚的绿色资源。

绿色前进，黄色退却，为黄土高原带来了生机与活力，给经济社会可持续发展注入了不竭动力。山西临汾、吕梁，陕西榆林、延安，甘肃陇东，宁夏宁东，青海海东，都已成为全国重要的能源和化工基地，成长为区域乃至全国经济社会发展的龙头和引擎。甘肃庆阳通过植树造林，形成了带、片、网结合的庞大防护林体系，使全市434.9万亩的耕地受到林网庇护，仅此一项，全市年增产粮食1570万千克。陕西韩城在"三北"工程建设中把发展花椒作为全市的支柱产业，花椒经济林总面积已达3万公顷，建成了全国规模最大的花椒商品生产基地。

昔日黄沙漫天的黄土高原，如今绿意日益浓郁，建设美好家园的夙愿正逐步变成现实。

（作者：黄俊毅；选自《经济日报》2014年8月27日）

拓展提升

我国著名地质学家刘东生院士在认识和运用地质沉积物了解全球性环境变化方面取得了开拓性的成就，被称为"中国黄土序列的古环境研究之父"。

以往，人类获得古环境信息的渠道只有两种，一是深海沉积物，二是极地冰核。刘东生的研究成果提供了第三种可靠来源，那就是黄土。这是对全人类的贡献。

在对黄土高原进行了大量的野外考察和实验分析后，刘东生提出了有重要突破的黄土"新风成说"，证明我国的黄土高原是千百万年来由大风带来的尘土逐渐沉积而成的。这一发现使刘东生认识到了黄土的价值。在他看来，黄土就像一部神秘的天书，每一层都蕴含着一个地球故事，为了读懂这些故事，他希望走遍每一寸有黄土的地方。

正是坚持不懈地在探索中发现，在发现中探索，专注、认真的刘东生真正抓住了黄土中的科学问题，在自己的研究领域做出了成就。

思考：你从刘东生院士的故事中可以汲取哪些精神？这些精神对地理科学发展有何意义？

延伸推荐

1.《九曲黄河万里沙：黄河与黄土高原》，张宗祜著，清华大学出版社2000年；关键词：黄河，黄土高原，形成历史。

2.《西部地标：黄土高原》，朱士光等编著，上海科学技术文献出版社2009年；关键词：黄土高原，地理环境，历史文化。

3.《写给儿童的中国地理（4）：黄土高原》，陈卫平、陈雨岚、王存立、刘兴诗等著，新世界出版社2016年；关键词：自然环境，山西，陕西。

七　黄土风情誉神州

在这片神奇的土地上，深沉而又古老的黄土窑洞，成为人类穴居文明的居住典范，演绎着生命的传奇。

在这里，日出而作，日落而息的人们不仅塑造了淳朴、勤劳而宽厚的个性，还创造了刚劲激昂、剽悍豪放的戏剧和民歌。秦腔、信天游、围着白羊肚手巾的放羊老汉，都诠释着高原粗犷、狂野、昂扬、苍凉之美。

受自然和人文地理的影响，黄土高原地区的衣、食、住、行等方面形成了一些独有的特色，展现了当地民风民俗的绚丽画卷。黄土高原这片广袤的土地，孕育了千年古国灿烂的文化，积淀了民俗民情悠久的历史。让我们一起去感受黄土高原上的人文风采吧！

主题阅读

穴居风景赛神仙

行走在沟壑纵横、墚峁交织的黄土高原上，视野中经常会出现与黄土浑然一色的窑洞，这种千百年来延续下来的民居景观，是依托黄土高原生成的特殊建筑。

广袤的黄土高原，是中国的四大高原之一，它西倚青藏高原，东临华北平原，北接内蒙古高原，南连秦巴山地，地跨甘肃、陕西、山西、河南等省，海拔为1000—2000米。黄土高原上除少数石质山地外，表面都覆盖着一层黄土，它们薄者数米，厚者可达200米。就是这些由黄土层构筑的独特地理环境，成了窑洞天然的建造场。

古老的窑洞

《墨子·节用》中说："因陵丘掘穴而处。"《新语》中还有"天下人民，野居穴处，未有室屋，则与禽兽同域。于是黄帝乃伐木构材，筑作宫室，上栋下宇，以避风雨"的说法，这些证明人类都曾有过穴居的历史。而从考古发现的50万—60万年前的三棱大尖状石器推断，古人可能从那时起就开始在黄土高原挖掘洞穴。他们在天然黄土断崖上凿洞而居的居住形式，直接影响了今天在黄土高原随处可见的形制相似的窑洞建筑群。直至今天，中国窑洞还是世界上现存最多的古代穴居形式。在中国西北部的黄土高原地区，包括陕西、甘肃、宁夏、山西、河南和河北六大窑洞区内，现在大约有4000万人居住在各种类型的窑洞中，靠着古老的窑洞，适应着特殊气候和地理区域的环境。

黄土高原冬天十分寒冷，最低温度可达零下二三十摄氏度，地面植被稀疏，缺乏建筑用材和取暖用材。但是黄土高原的土层深厚，土壤结构紧密，直立性好，适于凿挖，先民们因地制宜，创制了这种居住方式。他们利用黄土层本身的保暖性能，安然度过了一个个寒冷的冬天，也使窑洞成了黄土高原上最具代表性的民居。

那么，黄土高原为什么适合挖窑洞呢？来自地质专家的研究表明，这是黄土的特性和当地的气候条件决定的。经历过不同的地质年代和气候条件，黄土的性质发生了变化。在早期的干冷气候环境中，土质还比较疏松，黄土中的胶结物含量也非常少，所以抗侵蚀的强度比较低。到了后来，气候变得温暖潮湿，大量的生物开始在黄土高原生长繁殖，它们促进了黄土高原成壤，并使古

窑洞

壤的有机质与胶结物含量得到提高，从而使黄土具备了较强的抗侵蚀力，这就为古人在黄土层上挖凿窑洞创造了条件。

黄土的矿物成分以石英构成的粉砂为主，因而黄土地层构造质地均匀，抗压与抵抗剪切破坏的强度都较高，在挖掘窑洞之后，仍能保护土体自身的稳定。黄土的这些特点，正是建造窑洞的优势。另外，黄土高原的降雨偏少对在当地挖凿窑洞也十分有利。黄土通常具有湿陷性，在干燥气候条件下形成的黄土，遇到雨水浸湿后会产生较大的沉陷。但是黄土高原属于大陆性季风气候，气温变化剧烈，整个黄土高原年均气温是6℃—14℃，年均降水量只有200—700毫米。并且，整个黄土高原的降雨量总的趋势是从东南向西北递减，也就是从河南西部、陕西关中和山西南部的半湿润地区，到晋中、陕北、陇东等中部的黄土高原大部分地区就成了半干旱区域，再向西北就成了完全的干旱区。以陕北的黄土高原为例，这里年平均降水量只有450—650毫米，年平均相对湿度66%—78%，非常适合建造窑洞。

由于不同地区黄土带颗粒细度有差别，且形成于不同的地质年代，所以黄土高原不同区域内黄土湿陷性的强弱也就不同。比如在黄河中下游的三门峡等地，黄土的湿陷性就比较弱，可以直接在地平面上挖一个大坑，然后从坑里接着掏挖窑洞出来，也就是所谓的地坑院，根本不用担心坍塌。

位于豫西黄土高原的地坑院

另外，黄土层的厚度对挖窑洞也有影响。在黄土高原不同的区域，黄土堆积厚度的差别也很大，比如甘肃境内通常在200—300米，陕西北部主要在100—200米，山西、陕西关中、河南豫西地区一般在50—100米，其余地区在50米以下。在渭河最大的支流泾河流域，黄土层厚度达百米以上，而且黄土中不含沙石，十分黏牢，因此在此处构筑的窑洞相当坚固耐久。

因而在以黄土墚状丘陵沟壑区为主的陕北，众多的黄土峁和黄土墚之间产生了星罗棋布的窑洞，它们点缀在沟、墚、塬、峁之间，呈现出连绵不断的壮美气势。

（作者：陈旭；选自《中国国家地理》2011年第11期）

高亢唱腔荡云间

黄土高原民风淳朴、文化灿烂，孕育了众多鲜明的地方戏剧和民歌。其中，流行于关中地区的戏剧秦腔和陕北地区的民歌信天游最有代表性。秦腔是一种戏剧，信天游是一种民歌，都流行于陕西北半部及宁夏、山西、内蒙古与陕西接壤的部分地区。

一、秦腔

秦腔是流行于我国西北地区陕西、甘肃、青海、宁夏、新疆等地的最大剧种。它源于古代陕西、甘肃一带的民间歌舞，是在中国古代政治、经济、文化中心陕西长安生长壮大起来的，经历代人民的创造而逐渐形成。因周代以来，关中地区被称为"秦"，秦腔由此而得名。因以枣木梆子为击节乐器，又叫"梆子腔"，蜀谓之"乱弹"。它是相当古老的剧种，所以，有人把秦腔誉为"百戏之祖"。由于它产生于民间，所以能够生动地反映出人民的愿望、爱憎、痛苦和欢乐，反映出他们的生活和斗争。

秦腔因其流行地区的不同，衍变成不同的流派：流行于关中东部渭南地区大荔、蒲城一带的称东路秦腔（即同州梆子，也叫老秦腔、东路梆子）；流行于关中西部宝鸡地区的凤翔、岐山、陇县和甘肃省天水一带的称西路秦腔（又叫西府秦腔、西路梆子）；流行于汉中地区的洋县、城固、汉中、勉县一带有汉调恍恍（实为南路秦腔，又叫汉调秦腔、桄桄戏）；流行于西安一带的称中路秦腔（就是西安乱弹）。

秦腔名剧《三滴血》

现代秦腔戏《花儿声声》

各路秦腔因受各地方言和民间音乐影响，在语音、唱腔、音乐等方面，都稍有差别。近五十年来，东、西、南三路秦腔都不发达，中路秦腔起而代之，故在陕西及整个西北地区均占绝对优势。秦腔的表演朴实、粗犷、豪放，富有夸张性，"唱戏吼起来"被誉为关中十大怪之一。大凡秦人多好秦腔，漫步三秦，村村高音喇叭播放的是秦腔；地畔路旁，秦人畅快淋漓吼的是秦腔；夜幕四合，"自乐班"闹的是秦腔；城镇剧院，高台演出的是秦腔。

秦腔吼起来（泥塑）

"八百里秦川尘土飞扬，三千万人民齐吼秦腔"，正是秦腔影响广泛的真实写照。因为秦腔具有独特的艺术风格，所以吸引着这片土地上的人民。秦腔的唱腔，用宽音大嗓，直起直落，给人以高亢激越、粗犷朴实之感。看秦腔，尤其看到秦腔中的"黑头"吼声地动山摇的时候，你才会真正认识到秦腔的豪放。可以说，秦腔是富于表现力的优秀剧种，是最富于表现人物喜怒哀乐、苦笑忧哀性格特征的一门艺术。

二、信天游

如果你对秦腔不太熟悉，一定熟悉黄土高原的另一种艺术形式——信天游。

信天游，又称顺天游、小曲子，流行于陕西北半部及宁夏、山西、内蒙古与陕西接壤的部分地区。以往，由于交通不方便，这里的生产、经贸全靠驴、骡驮运，当地把从事此种劳动的人称作"脚户""脚夫""赶脚的"。脚户长期行走在寂寞的山川沟壑间，便顺乎自然地以唱歌自娱。他们所唱的主要就是信天游。

作为一种风格个性都很强的民歌品种，信天游唱词一般为两句体，上句起兴作比，下句点名主题，基本上是即兴之作。这些口语化的诗句，语出惊人，形象生动，具有极强的艺术感染力，内容主要以反映爱情、婚姻、反抗压迫、争取自由为主。代表曲目有《走西口》《兰花花》《山丹丹花开红艳艳》等。

信天游歌舞剧《兰花花》

信天游的节奏大都十分自由，旋律奔放、开阔、扣人心弦、回肠荡气，这同沟川遍布的陕北地貌有很直接的关系。在当地，人们习惯于站在坡上、沟底远距离地大声呼叫或交谈，为此常常把声音拉得很长，于是便在高低长短间形成了自由疏散的韵律，这种习惯自然会对信天游产生影响。因此信天游的曲调悠扬高亢，粗犷奔放，韵律和谐，不加修饰地透着健康之美。信天游的歌腔高度集中地展示了高原的自然景观、社会风貌和陕北人的精神世界。

信天游

陕北民间有"信天游不断头，断了头，穷人无法解忧愁"之说，更有"信天游就像没梁子斗，啥时唱时啥时有"的说法，可见，信天游与陕北人是血脉相承、密不可分的。陕北人唱信天游，既唱生活的快乐也唱个人的忧愁，既不乏浪漫又注重现实，是对生活美的追求和感情的寄托。

百怪民俗绘画卷

一个地方的"怪"，最具地域文化色彩。由于陕西地处黄土高原，又是中华民族的发祥地，三秦大地上产生了自己独特的民俗风情，外地人"到此一游"，颇感新奇，便称之为"怪"。陕西有"十大怪"之说，这是人们几经传播，形成共识，约定俗成下来的。

一大怪：房子半边盖

房子只盖半边，这在全国绝无仅有。是什么原因造成陕西居民这样的独特样式呢？近代以来，陕西人口迅速增加，原来聚居生活的家庭，因宅基地面积的限制，导致住房紧张，于是便产生了我国建筑史上一道别具一格的风

房子半边盖

景——房子半边盖。它既节约地皮，同时也省材料，一举两得。

二大怪：手帕头上戴

关中大地盛产棉花，传统上有纺纱织布的习惯。当地人爱把织成的土布染成黑色，所以关中农村中老年人的服装多为黑色。这与秦始皇以水为德、崇尚黑色的遗风有关。关中的老年妇女，差不多人人头上都戴着一块黑色或白色的手帕，外地人不理解这是为什么。其实这种手帕有很强的实用性，可防风、防尘、防雨、防晒，可擦汗、洁手，还可临时用来包东西。

手帕头上戴

三大怪：面条像腰带

"八百里秦川"盛产小麦，讲究把面和硬揉软、擀厚切宽，称之为"邋邋面"。面煮熟以后，捞在碗里，可浇肉臊子，也可泼油辣子，依据个人口味而定，吃起来都较为光滑、柔软、热乎、有筋性，既可口又耐饥。

四大怪：辣子是主菜

陕西盛产辣椒，又叫"秦椒"。这种辣椒色红、个长、头尖，味道极辣，当地人称之为"尖辣子""线辣子"。人们大都认为四川人、湖南人能吃辣，其实陕西人吃辣绝不逊色于川湘同胞。川湘只把辣椒作为调味品，陕西人则实实在在地把辣椒当菜吃。他们先将辣椒摘蒂洗净，用文火炕干，再用臼子捣成粉状，经过罗筛，再放上细盐，最后用较多的滚油泼一下，就做成了著名的"油泼辣子"。这种辣子，看着红、闻着香、吃着辣，既能用来调面，又能用来夹馍。它富含脂肪、蛋白质和无机盐，具有开胃、下饭，增进食欲之功效。

辣子是主菜

五大怪：锅盔像锅盖

锅盔是用面粉制成面坯，在铁锅上烙烤而成的一种面饼。它也是陕西人的一种主食，可作为外出随身携带的干粮。陕西人做锅盔，将面和得很硬，甚至用手都揉不动，只能借助木杠子，用全身的力量来压揉，压成圆饼以后，放在铁锅里，用麦秸火慢慢烙烤，并用微火煨熟。这样，烙成的锅盔外脆里酥、清香可口，放上十天半个月也不会变味。陕西农村的铁锅都很大，口径多在二尺以上，所以烙出的锅盔又大又厚，很像一个锅盖。这是陕西人纯朴性格和豪爽气度的一种显现。

锅盔像锅盖

六大怪：泡馍大碗卖

陕西地处温带，冬季漫长而寒冷，所以人们就要吃一些带汤水而又驱寒的饭食，于是就产生了羊肉泡馍、葫芦头泡馍、大肉煮馍、羊血泡馍等极受人们喜爱的各种泡馍。这种泡馍有干有汤，又热又香，很开胃，所以一般人都能吃很多。各个泡馍馆为了满足顾客的要求，便选用了一种耀州产的大瓷碗来盛泡馍，于是就有了"泡馍大碗卖"的说法。

七大怪：碗盆难分开

陕西人吃饭，喜欢用一种耀州产的直径一尺左右的白瓷青花大碗，当地人称之为"老碗"。这种碗甚至比小盆还大，往往碗盆难分。在关中农村，差不多每个村庄都有一个人们聚在一起吃饭的地方，或大槐树下，或村头宅边。每到吃饭时，男人们就端着大老碗，蹲在一起，一边津津有味地吃着饭，一边津津乐道地拉家常，论古道今，谈天说地，交流各种信息和趣闻，简直就是饭场。如遇到有人吃变换花样的饭菜，大家甚至还要互相品尝一下，这就是有名的"老碗会"。陕西人劳动强度大，干活出力多，吃饭也多，所以出门时用老碗盛一下就够了，不用再回家去添饭，省了不少麻烦。

碗盆难分开

八大怪：姑娘不对外

秦川大地土地肥沃、浇灌方便，只

要有种子入土，就不用为吃饭发愁，所以极少有人为生存而奔波于他乡异地。关中地区很早就有"老不出关（潼关），少不下川（四川）"的谚语，久而久之，不仅男人们不外出远行，就连姑娘们也不远嫁。姑娘不远嫁，主要是为了和娘家人互为亲戚，好互相走动、互相照应。所以当地姑娘出嫁，大都在方圆十华里的范围内。随着经济发展，这一习俗已成为过去。

姑娘不对外

九大怪：不坐蹲起来

这一怪又被外地人称为"板凳不坐蹲起来"。由于关中人一日三餐都要蹲在一起开"老碗会"，而且一蹲往往就是一个多小时，加之人们冬天喜欢蹲在背风向阳的地方"晒暖暖"或者"丢方"、下棋，于是，关中人就养成了"蹲"的习惯。

不坐蹲起来

十大怪：唱戏吼起来

唱"秦腔"又称"吼秦腔"。陕西民风古朴，干活出大力，吃饭用大碗，唱起戏来，自然也用大嗓门。秦腔具有高昂激越、强烈急促的特点，尤其是花脸，人称"挣破头"，要求演员必须扯开嗓子大声吼。外地人开玩笑说："唱秦腔必备三个条件，一是舞台要结实，以免震垮了；二是演员身体要好，以免累病了；三是观众胆子要大，以免吓坏了。"虽言过其实，却很形象。吼秦腔

唱戏吼起来

不分场合，只要有人叫"好"，吼戏者便乐此不疲，常常是"吼"得脸红脖子粗，听众则息声静气，听得如痴如醉。关中人认为，这才是真正的好戏，听起来才"过瘾""解馋"。

拓展提升

众所周知，山西人喜食醋。据统计，山西全省年人均食醋在10斤以上，为全国之最。山西人喜欢食醋有多方面的原因：

1. 山西地处黄土高原，气候干燥，温差较大，水土碱性大，而醋的酸性正好能中和碱性，有利于身体健康。

2. 山西人喜欢吃面食，而面食相对难消化，吃醋能增加胃液的酸度，有助食物的消化吸收。

3. 山西是煤炭大省，百姓取暖、做饭多烧煤炭，大量烧煤使得空气中一氧化碳浓度增加，威胁着人们的身体健康乃至生命安全，而醋酸具有解消煤气的作用，经常食醋，可以减轻煤气的威胁。

除此之外，醋本身就是良品，具有抗病毒、防癌、降血压、降血糖、降血脂、软化血管、预防感冒和美容等诸多功效，并且在日常生活中有许许多多奇特妙用。

思考：山东人有什么饮食习惯？这些饮食习惯与地理环境有什么关系？

延伸推荐

1. 《陕北窑洞民居》，吴昊主编，中国建筑工业出版社2008年；关键词：形态，现状，构造。

2. 《高原民居：陕北窑洞文化考察》，王文权、王会青著，陕西师范大学出版社2016年；关键词：自然环境与形成，历史与现状。

3. 《陕西关中传统民居建筑与居住民俗文化》，李琰君编著，科学出版社2011年；关键词：遗产，民俗，传承。

4. 《中国民俗大系：陕西民俗》，杨景震主编，甘肃人民出版社2003年；关键词：陕西，民俗文化。

八　江南在哪里

地理学者说：江南是丘陵区。气象学者说：江南是梅雨区。语言学者说：江南是方言区。历史学者说：江南是历史沿革。经济学者说：江南是财富区。文学家说：江南是人间天堂。

当我们认识到"江南在哪里"是一个问题时，疑问就越来越多了。

主题阅读

江南是丘陵区

在自然地理学者眼中，"江南"首先是指长江以南的地区。而有关"江南"的描述，则最常出现在"江南丘陵"的概念中。江南丘陵这个名称究竟始于何时？作为一个区域的概念又是何时最先使用的呢？

在80多年前黄秉维先生编撰的

江南丘陵

《中国地理·下册》中有"江南山丘区"一章，因同时还列有东南沿海区、两广丘陵地、云南高原、贵州高原等章节，因此江南山丘区的范围无疑应该是在长江以南、云贵高原以东以及南岭以北。在20世纪50年代以后的有关中国区域自然地理的著作和一些自然地理的辞书中，江南丘陵通常是长江以南、南岭以北、武夷山、天目山以西、贵州高原以东低山丘陵的总称，介于北纬25°—31°、东经110°—120°，包括湘、赣两省中南部和浙西、皖南地区的大片低山和丘陵，海拔多为200—600米。它还可以进一步分为湘西丘陵、湘中丘陵、赣西丘陵、赣东丘陵、皖南丘陵、宁镇丘陵等几部分。这个区域的北面是地面宽广低平、起伏不大的长江中游平原，东部和东北部是长江和浙闽独流入海水系的分水岭。西部经武陵山和雪峰山与云贵高原相连接，界线比较清晰。南部与南岭山地之间，界线相对比较模糊。尽管区域内也镶嵌着一些山地，但大体上是以相对高度小于100米的丘陵为主。因地处长江南岸，又与长江水系有直接关联，所以，被统称为江南丘陵，也就是一般地理常识中的江南丘陵。江南丘陵的上述概念和范围是相当广泛的，是由地貌单元衍生而来的一个自然地理单元名称。这是一种广义的理解。

黄秉维先生在20世纪50年代主持了中国综合自然区划工作，其后又对区划的成果进行过多次修改。中国综合自然区划将地表按其自然情况的差异进行划分，是认识中国地表自然状况的宏观框架。它的划分是严格按照温度条件、水分状况和地形组合三级指标逐级进行的。一个地区的温度条件是人们无法大规模、长时间改变的因素，水分状况是人们可以有条件地在一定程度上改变的因素。因此，首先将温度条件和水分状况分别作为第一级和第二级的划分指标，依次划分出温度带和湿润地区。地形组合实质上是起到对温度条件和水分状况再分配的作用。所以，地形属于第三级的划分，是在划分了温度带和湿润地区之后进行的再划分。划分的指标是地貌类型及其组合。在黄秉维的综合自然区划中，江南丘陵被划分在中亚热带湿润地区的江南与南岭山地丘陵区中。显然，这个区包含了江南丘陵和南岭山地两大部分。这在一定程度上是由于江南丘陵南缘山地相对比较高耸，其特征与南岭山地多少有些相似的缘故。在《中国国家地理》出版的新的中国自然区划专著中，将江南丘陵南缘山地从江南丘陵中剥离出去，与南岭山地单独构成了江南与南岭山地区，剩下的部分才称为江南丘陵区。这样一来，江南丘陵区就相对较为协调，区域内的自然特征也更趋一致。

另两本区域自然地理权威著作是《中国自然区域及开发整治》（任美锷、包浩生主编）和《中国自然地理·总论》（赵松乔主编）。前者有江南、南岭亚区下的江南丘陵小区、浙闽丘陵小区，后者称中亚热带长江南岸丘陵盆地常绿阔叶林区，包括浙皖低山丘陵、赣中南丘陵、湘赣低山丘陵、湘中南丘陵和南岭山地等亚区。几个划分大体一致。

换句话说，在综合自然区划中的江南丘陵区（或称小区）可以看成是对江南丘陵的一种更加专业化的理解，它集中在湖南湘江的中下游、江西赣江的中下游地区和安徽南部的部分地区。

江南丘陵作为一个综合自然地理区，除了都以丘陵地形为主外，还有许多共同的自然地理特征，如红色盆地众多。盆地多分布于山丘间，一般呈长条状，长轴方向以东北—西南向居多，规模不等，一般宽20—50千米，长可达数百千米。盆地内一般有辐合水系，稍大河流往往穿过一个或几个盆地。著名盆地有：江西吉安—泰和盆地、赣州盆地，湖南衡阳盆地、长沙盆地、株洲盆地等，均为区域内农业发达地区。红层丘陵为红色盆地主要地貌类型。丘陵坡度平缓，形状浑圆，相对高度一般在一二百米，有"丹霞"地貌和"方山"地貌分布。此外，岩性坚硬的岩体形成了东北—西南向排列的陡峻雄伟山地，如黄山、衡山等。

（作者：杨勤业；选自《中国国家地理》2007年第3期）

江南是梅雨区

在气象学者眼中，江南是个具有一致气候特点的地域，这个地域比人们惯常认为的"江南"要广大，可称之为"大江南"。这一地域的主要气候特点是：春雨、梅雨、伏旱，以及冬季的阴沉细雨和阴冷。其范围是淮河以南，南岭以北，大约东经110度以东的大陆地区，以及台湾省的最北端。

南岭不仅是长江中下游地区和华南水系的地形分水岭，也是"大江南"气候区和华南气候区的分界线，具有重要的地理、气候意义。

在冬春季节中，北方冷空气频频南下，但常被迫在南岭北坡停滞；北上的南方暖空气越过南岭之后则被停滞在北坡的冷空气抬升，从而水汽凝结，使南岭以北广大地区冬春阴沉多雨，成为世界同纬度冬季气温最低的地区（高原除外），以及春季中我国大面积最多雨的地区。春雨是"大江南"地区最显著的特色之一,唐代杜牧《清明》诗中就有"清明时节雨纷纷,路上行人欲断魂";他的《江南春》中又有"南朝四百八十寺,多少楼台烟雨中"等吟咏。和春季中"大江南"对比最显著的地方是淮河以北的华北,那里"十年九春旱",旱到"下雨就是下粮食"。所以,淮河是我国春季中晴雨最鲜明的分界线。

到了初夏(6月中下旬及前后),"大江南"就会进入它所特有的梅雨季节(此时正值梅子黄熟)。这是由于太平洋副热带高压季节性北上时,南方的暖湿气流和北方南下的冷空气相遇产生锋面雨造成的。此时"黄梅时节家家雨,青草池塘处处蛙"(宋赵师秀《约客》),梅雨季节中"大江南"的雨量虽然略逊于华南沿海地区,不是全国雨量最多的,但这种梅雨季节却是全国其他地区所没有的,全世界也只有东亚(包括韩国最南部和日本南部)才有这样的特殊季节。

江南梅雨天

副热带高压继续北上,盛夏时控制了"大江南"地区,这就是汉代崔寔在《农家谚》所描述的"舶棹风(太平洋夏季风)云起,旱魃深欢喜"的时节。"大江南"地区变成了全国最闷热、大面积最高温的地区。人们吃不好,睡不好,过一个夏天要瘦掉好几斤肉,俗称"疰夏"。相传连久经酷热的吴(苏南)牛,看见月亮也会热得气喘起来(原来它把月亮错认为了是太阳)。成语"吴牛喘月"说的就是这件事。而此时岭南则因受副热带高压以南的台风等热带天气系统影响,盛夏多雨,高温天气反而减少,例如最高气温35℃以上的热日,广州年平均只有5.2天,而长沙反多达29.9天。

"大江南"的西界大致在东经110度附近。因为该线以西乃黔、滇等西南山区,海拔都在千米以上,在自然地理上和东部长江中下游地区的平原、丘陵有较明显的差别;此外,在夏季,此线以东主要受太平洋夏季风影响,而以西则主要受印度洋夏季风影响,而太平洋夏季风造成的主要季节是梅雨和伏旱。此线以西,局部地区虽然仍会受到伏旱(四川盆地东南部)或伏旱边缘的影响(贵州最东部),但都已经没有梅雨了。

把长江作为江南的地理北界无可非

议，但是，正如前面所说，长江并非气候学上的一条分界线。实际上，江南这种春雨、梅雨、伏旱等特殊气候，并不止于长江，而是一直向北扩展到了淮河。淮河以北，一年中只有盛夏不到2个月的雨季，而以南一年中只有盛夏才是真正的旱季。淮河南北两侧不仅气候差异对比鲜明，变化的梯度也很陡急。

"大江南"冬季的阴冷和夏季的伏旱酷热，使这里成为世界同纬度甚至世界上人体感觉最为冬冷夏热的地区。

（作者：林之光；选自《中国国家地理》2007年第3期）

江南是方言区

语言学者认为，从方言角度来看，现代汉语里的小江南与吴方言的分布区大体重合，但后者范围要略大一些（江北稍有分布，往南延伸到浙江和赣东北）。现代汉语里的大江南与南方方言的分布区也大体重合，但后者范围要小一些，是排除了长江上游以南地区。

然而，以长江为界划分南北方言也是有例外的。江苏、安徽、江西、湖北四省的长江以南部分沿江地带属于官话分布区，而吴方言在江苏境内也见于长江以北地区，赣方言在安徽、湖北境内也见于长江以北地区，但都限于沿江地带或近江地带。

值得注意的是，杭州西北方向吴方言分布区内出现了两处北方方言区，面积较小的在安徽南陵、青阳一带，属于北方方言中的江淮官话，面积较大的在安徽宣城、溪口、宁国、广德、郎溪一带，向东伸展到浙江西部的部分地区，为江淮官话和湖北官话、河南官话的错杂分布区（地图中以江淮官话为代表）。其中广德东部号称"小河南"，郎溪号称"小江北"。这一地区原本均为吴方言的地盘，因地近南京，19世纪中叶清军镇压太平军时屡为战场，加上瘟疫流行，所以人口凋零，如广德县由312000余人锐减到6000余人。从同治五年（1866）开始，各省奉令设劝农局，招垦被兵荒地，来自湖北、河南两省和安徽江北地区的移民大量涌入，就形成了目前的这种方言分布格局。

杭州话是南方方言中的一个例外，它具有许多不同于周边吴方言的特点，例如上海话说"伊个"而杭州话却说"他的"，跟北方方言相同，有的学者甚至把它看作是北方方言。其实杭州话并未散失南方方言的基本特性，把它归入北方方言是不合适的。杭州话这种"半南半北"的特点跟南宋建都临安（即今杭州）有很大的关系。南渡的宋室及蜂拥而至的北方士民共同把以汴梁话为主的北方官话带到了吴方言地区，因各州县的官话人数相对较少，终被吞没，而杭州的官话则以其政治文化上的优势对原本的吴方言施加影响，最终形成了一种混合方言。

闽北有一处面积很小的官话分布区，说的是著名的南平市"土官话"。南平土官话的形成原因主要有两个：一是南宋皇亲国戚迁闽，其中定居南平城内者颇多，势力雄大，而历代镇守此地的也多为外籍官员；二是明正统年间镇压沙县农民邓茂七起义的京营大军事后留驻南平。

综上所述，南方方言较少见于长江以北地区，而除上江地区外，北方方言也较少见于长江以南地区，南北大体上是"划江而治"。因此从现代汉语方言的角度看确实存在一个"大江南"的区域。

需要指出，现代汉语方言的"小江南"和"大江南"景观并不是自古就有的。"诗经"时代，从长江北岸的近江地区往南，基本上是非汉语的分布区域，到了汉代，秦晋、赵、齐、汝颍、吴、东齐、淮、楚、蜀等汉语方言区也还处在越、南楚、西戎、北狄、北燕等非汉语方言区的包围之中。其中吴、楚方言都是跨江分布，北界在淮水一线。

现代汉语方言分布格局的雏形大体是在宋代以后奠定的。当时，北方移民的浪潮把北方方言带到了长江以南，特别是西晋永嘉之乱、李唐安史之乱和赵宋金国入侵造成了北方人口和北方汉语的大规模南移。

在地理隔绝的环境下，这些南下的北方方言未能参与江北地区北方方言的重要演变，而自身的创新演变也未能波及江北地区的北方方言，在新的环境里，它们跟古南方方言甚至外族语不断发生交融，逐渐形成了新的南方方言。

可见，现代汉语方言的"小江南"和"大江南"景观是汉语方言历史演变的产物，长江在阻挡北方方言南进和造成方言分化方面无疑扮演了极为重要的角色。

（作者：项梦冰；选自《中国国家地理》2007年第3期）

拓展提升

江南在很多中国人看来是一个地理上的象征，而苏州园林又是江南最典型的一个象征，可以说江南人的建筑情趣、审美境界，甚至是对世界的看法都可以在苏州园林中得以体现。历史上，这些规模小巧、玲珑剔透的江南园林大量地出现在苏州这个地方；今天，我们依然可以从这些园林中感受到江南人固有的那种秀美与细腻。

也许是农业文明的缘故，中国文化里有一种对季节的敏感。苏州园林也是如此，尽管风格纷呈、气象万千，从季节入手，也可以把它们分出春、夏、秋、冬。四大名园的顺序本是按朝代排列，宋、元、明、清，依次对应沧浪亭、狮子林、拙政园和留园。但若按季节划分，它们的顺序可能就要换一换了。

一年之计在于春，拙政园的造园规模和造园构想，都像二十四节气中的"立春"。春风拂拂，春水漫漫，流连于亭台楼阁之间，一如流连光景。从留园窄门进到长廊，通过一扇扇漏窗往外望去，经幢、枫树、栏杆、湖石折回身，踱步到"绿荫水榭"，盛夏就来了。然而，以叠石、奇石取胜的狮子林，在审美上更接近冬天硬朗的风声。春天的拙政园、夏天的留园、冬天的狮子林，或多或少都有秋天的色彩，而沧浪亭则是秋天的故事中画龙点睛的一笔。苏州园林的风格尽管纷呈，但总体是娴静的、幽静的、寂静的。

思考：江南还有哪些名胜古迹？它们体现了哪些传统文化特色？

延伸推荐

1.《江南市镇：建筑艺术人文》，刘森林著，清华大学出版社2014年；关键词：江南市镇，范围，类型与特点，产生与发展。

2.《江南古典私家园林》，阮仪三主编，译林出版社2012年；关键词：江南园林，发展历史，艺术成就。

3.《江南专辑》，《中国国家地理》2007年第3期；关键词：江南，西湖，苏州。

九　喀斯特王国

水滴石穿的力量，是造物者送给我们最美的礼物。喀斯特地貌便是这种力量创造的奇迹。我国盛产喀斯特，是名副其实的"喀斯特王国。"

武隆美如瑶台的溶洞，天堑相连的天生桥，神秘巨大的天坑群，幻化出乌江深处的喀斯特画廊。

北京十渡百米一桥、千米一渡，构成十渡风光，山山石奇峰险，渡渡水清景美，因美如桂林山水，被誉为"京西小桂林"。

让我们一起走进喀斯特王国，感受这份力量。

主题阅读

神奇的喀斯特

喀斯特又称岩溶，简单地说，是地下水对石灰岩等可溶性岩石进行以化学溶蚀为主、机械冲刷为辅的地质作用，以及由此产生的崩塌作用等一系列结果。喀斯特地貌发育地区通常地表岩石裸露，植被较少，地下具有丰富的洞穴、落水洞或地下河等各种奇异景观。

一、喀斯特名称的由来

"喀斯特"一词源于19世纪末。南斯拉夫学者司威治，发现位于南斯拉夫和意大利的交界处的迪纳拉山脉西北部有一个叫喀斯特的高原上，发育着奇形怪状的地貌，到处是石沟、石芽、竖井、落水洞、干谷、洼地和峰林、峰丛并绵亘几百公里，山中地下还隐藏着许多巨大而奇特的洞穴，洞穴内的钟乳

喀斯特高原

石、石笋、石柱、石幔等千姿百态、冰莹玉洁、璀璨夺目。司威治仔细考察研究了这些地上地下的奇景后，觉得无法将它归入已知的地貌类型，便用所在地的名字，将这一奇特的地表形态统称为"喀斯特地貌"。

"喀斯特"这一专用名词诞生后，很快得到从事这方面研究的专家的认可，一致将发育在可溶性岩石地区的这种奇特地貌称为喀斯特地貌。"喀斯特"一词在我国沿用了很长时间。后来，人们觉得它无法反映在可溶性岩石上形成的千奇百态的地貌景观，也无法反映其成因。1966年在广西桂林召开的全国喀斯特学术会议上，科学家建议将喀斯特改为"岩溶"，意指这种地形是因地表水和地下水对可溶性岩石进行长期溶蚀及侵蚀后形成的。从此，我国的教科书和学术刊物上，"岩溶"取代了"喀斯特"。"岩溶"一词虽在我国被广泛运用，但有些学者为了和国际上统一，使得"岩溶"和"喀斯特"在我国成为并用的同义词。

二、喀斯特地貌的成因

喀斯特地貌在世界上分布很广，凡有可溶性碳酸盐分布的地区，都可能发育成喀斯特地貌。至于其形成原因，如果要用最简洁的语言来解释，只有四个字——水滴石穿。

水滴石穿的力量

水流的力量是巨大的，通过长年累月地冲刷、切割，水流可以凿穿岩壁、斩断山脉，但喀斯特地貌的形成不单单靠这种机械的物理过程，更重要的是化学反应。喀斯特地貌发育的物质基础是碳酸盐类岩石。拿我们最熟悉的石灰岩来说，石灰岩的主要成分是碳酸钙，它有一种特性，就是能够被含有二氧化碳的水溶解。空气、土壤中都有二氧化碳，河水或地下水吸收和溶解了二氧化碳，就变成了碳酸水。而当碳酸水流经石灰岩裸露地区或从地表渗透到地下的过程中，就会与石灰岩中的碳酸钙发生反应,溶蚀作用就发生了。经过长期的溶蚀和侵蚀作用,便形成了喀斯特地貌,这是大自然惊人奇迹的最生动诠释。

三、多样的喀斯特地貌

喀斯特地貌的主要形态有峰、林、山、谷、湖、石、瀑、泉、潭,几乎集合了所有的自然景观元素。由于形态繁多,地质学上关于喀斯特地貌的分类十分复杂。由于喀斯特发育演化的区位不同,形成的地貌类型也风格迥异:

1.地表水沿岩石表面或裂隙流动的过程中不断溶蚀和侵蚀岩石,逐渐形成沟、槽和脊状突起。随着溶蚀作用不断加强,溶蚀速度不同,溶沟或溶槽加深、石芽增长,将原先层状分布的岩石分割成石林。

石林

2.地表水沿岩石表面或裂隙向下继续渗流和溶蚀,可形成向纵深发展的陡立深洞,即落水洞。

3.从落水洞下落的地下水到含水层后发生横向流动,形成溶洞。溶洞的形成除了与溶蚀作用有关外,还与重力崩塌作用有关,一个巨大溶洞的形成往往是二者共同作用的结果。

溶洞

此外,喀斯特地貌还可以按照出露条件、岩性、海拔高度、发育程度、水文特征和形成时期等不同标准进行分类。

四、喀斯特的分布

喀斯特在全球的分布广泛,如法国高斯高原、墨西哥尤卡坦半岛、美国肯塔基州和佛罗里达州,以及我国的云贵高原和广西平原等地,总面积约2200万平方千米。

中国的喀斯特地区分布较为广泛,据不完全统计,总面积约200万平方千米,裸露碳酸盐类岩石面积约130万平方千米,占国土面积的1/7,其中以桂、黔滇东部地区最为集中,是全球最大的喀斯特区之一。

中国喀斯特的主要景观分布区

行政区划	代表景观	概况介绍
云南	路南石林	地表峰林奇布,石芽巨大,大部分灰岩山峰似人似物,形态逼真
广西	桂林山水、乐业天坑	桂林山水主要有石芽、石林、峰林等,乐业天坑是世界罕见的天坑群
广东	肇庆七星岩	七座石灰岩山峰如北斗七星,山前星湖潋滟,山多洞穴,洞中多暗河和溶洞
贵州	荔波山水、黄果树瀑布	荔波是西南典型的喀斯特发育区,黄果树瀑布为我国最大的瀑布
重庆	武隆风光、小寨天坑	武隆喀斯特地表以峡谷、天生桥、天坑等为典型,小寨天坑是世界最大的天坑
四川	九寨沟、黄龙	九寨沟钙华滩和黄龙钙化池、钙化坡等组成世界最美的岩溶景观
湖南	张家界	地面有罕见的石英峰林,各种堆积地貌罗列溶洞中,如神仙府洞,奥妙无穷
湖北	长江三峡	长江南岸的峰丛洼地与干谷漏斗、北岸的山顶平行槽谷与高山坡立谷,都是我国喀斯特的重要类型
山东	济南趵突泉	济南有广泛的石灰岩分布,久负盛名的趵突泉是华北地区喀斯特的典型代表
北京	十渡、石花洞	地面以十渡的峰林为代表,地下则主要是石花洞的溶洞景观,堪称温带喀斯特地形的典型

喀斯特洞穴或柱状堆积形如春笋,或倒挂洞顶形如钟乳,或上下相连形如立柱,或层状堆积形如布幔,令人眼花缭乱。这里曾经孕育古老的文化艺术,同时也是许多生命的摇篮。疾行的马陆、织网的蜘蛛、持着触须的步甲、倒挂的蝙蝠、蜷缩的潮虫、水中游弋的盲条鳅……共享着地下宫殿的有限资源。

然而,喀斯特地貌的精彩远不只是奇峰异洞这般简单,从远古时代遗留的石器,到明代的《徐霞客游记》,无数专家与勇士前赴后继探洞历险,希望领略这片神奇大地的独特风采,感悟大自然的博大与神秘。

乌江深处的喀斯特画廊

第31届世界遗产大会上,由云南石林、贵州荔波和重庆武隆捆绑申请的"中国南方喀斯特",集中了我国最具代表性的喀斯特地貌,因而获得全票通过,被纳入世界遗产名录。从此武隆被越来越多的人知晓,"乌江深处的喀斯特画廊"成为人们对这片喀斯特地貌的深情赞美。

武隆喀斯特,地表以峡谷、天生桥、天坑等最为典型,地下则以丰富沉积的大型溶洞最具特色,孕育出了"天下第一洞——芙蓉洞""亚洲最大的天生桥群——天生三桥"和"全世界稀有的后坪天坑群"三个独立的喀斯特系统。

一、芙蓉洞

芙蓉洞位于乌江的支流芙蓉江汇入乌江的入口段,洞穴沉积不仅种类极其丰富,而且有许多世界罕见的精品,因此有"洞穴科学博物馆"的美誉。在芙蓉洞大大小小共上百处洞穴奇观中,"巨幕飞瀑""生命之源""珊瑚瑶池""石花之王""犬牙晶花"被誉为"芙蓉洞五绝",其中"珊瑚瑶池"和"石花之王"更是世界级的瑰宝。

芙蓉洞的"镇洞之宝"——珊瑚瑶池

珊瑚瑶池看上去就像漂浮的珊瑚,在清澈透底的池水中,碳酸钙析出成为十分完美的方解石或文石晶体,它们或呈葡萄状、糖粒状,或呈犬牙状、梳状,而且不同形态的晶丛、晶簇层层叠叠,厚可达50厘米左右,晶莹剔透,玉洁冰清,让人仿佛进入了神话的洞天府地和梦中瑶池。

在芙蓉洞的东端,有一个向南延伸的支洞。在这个洞穴中,晶霜、晶花、石花几乎遍及每一块岩石表面,投足下脚都会不可避免地让它们受到损伤。特别是那些洁白如玉而又十分脆弱的叶片

石膏花

状、豆芽状、丝缕状、花瓣状的石膏花和卷曲石，一旦不小心将它们碰断碰碎，其代价绝不亚于一件国宝级的文物被损毁。石花之王便位于这个洞穴中，因此专家们建议把这个洞封存起来永久保存。

二、天生三桥

出武隆县城，沿乌江右岸的支流羊水河上行约30千米，即可见到另一项世界级的喀斯特奇观——天生三桥。自上游往下游，依次为天龙桥、青龙桥和黑龙桥，在三座天桥中间间隔的部分，分别分布着天龙天坑和神鹰天坑，呈现出"三桥夹两坑"的地质奇景。在天生桥上游，羊水河潜入地下，成为伏流，沿着地下河道流出，随着此地地壳抬升，地下水位不断下降，地下河道变宽，洞穴不断扩大，形成深切的峡谷状洞穴通道，久而久之，洞穴越扩越大，洞穴顶部逐渐承受不住而崩塌下来，贯穿地表的部分就形成了峡谷和天坑，而残留的顶板横跨河谷两岸，形成了天生桥的桥面。

天生三桥平行横跨在羊水河峡谷上，将两岸山体连在一起，三座桥平均高度200米以上，桥面宽约100米，规模庞大，气势磅礴，桥面高度、宽度和桥体厚等指标居世界首位，堪称世界上规模最大的串珠式天生桥群。

三、后坪天坑

处于乌江支流木宗河源头的后坪天坑喀斯特系统，由落水洞、竖井、喀斯

天生桥

后坪天坑

特峡谷、冲蚀型天坑群和地下洞穴等组成。不同于天生三桥青龙、神鹰等塌陷型天坑的成因过程,后坪箐口冲蚀型天坑群多为流水冲蚀而成。当地表水从北、东、西三面向盆地中心汇流时,经过长期冲蚀,形成的漏斗形裂隙深入碳酸盐地层中,形成了没有谷口的死胡同型河谷"盲谷"地貌,其中"盲点"规模小的便成为落水洞,而流入水量大、水流冲蚀久、"盲点"规模大的则成为冲蚀型天坑。

乌江,这条长江上游右岸的最大支流,雕塑出了令人惊叹的喀斯特奇观。

欲把十渡比桂林

十渡国家地质公园位于北京市房山区西南部、拒马河中上游。古代的拒马河水势很大,河上不能架桥,所以每拐一个大弯进一个村庄就有一个渡口,从一渡到十渡总共20千米内,拒马河转了10道弯,"十渡"便由此得名。

十渡属于喀斯特岩溶地貌,是一个以岩溶景观为主体,集多种地质遗迹、良好的自然生态、厚重的人文景观于一体的地学科普园地,同时也是华北地区唯一以岩溶峰林和河谷地貌为特色的自

拒马河十渡

然风景区。这里壁立万仞的峰丛、连绵起伏的崖壁、造型奇特的溶洞、变幻多姿的河流地貌,美如桂林山水,被誉为"京西小桂林"。

具体来讲,一渡水阔山远,是"渡源"发源地;二渡山高水碧,有地下殿堂仙栖洞;三渡古寨朝晖,有南方大峡谷、穆柯寨;四渡嬉水沙滩;五渡群山竞秀,更有仙峰飞来;六渡夜宿碧波水畔农家;七渡孤山倒影,孤山寨"一线天"惊心动魄;八渡急流探险,堪称"十渡第一漂";九渡万景峰幻,天生一座"笔架山";十渡陡壁之上,佛光乍现。然而,最具代表性的景观当推五渡的仙峰谷、七渡的孤山寨和十渡的龙天"佛"字。

十渡飞来石

五渡的仙峰谷是由拒马河水在山间冲刷出来的一条小裂缝,也是五渡桥东南一条景色优美的大峡谷。该峡谷内奇石林立,泉多潭深,山高峰陡,云雾笼罩,犹如进入仙境一般,故称仙峰谷。该峡谷有3千米之深,峡谷内溪、瀑、潭、石等野趣盎然,其中有著名的双鹰守门、神龟引路、仙鸽守山、飞石潭、小驼峰等景观,特别是峡谷内的飞来石尤为醒目。飞来石长5米,高3米,宽3米,按地壳岩石的平均比重计算,其可达120吨重。

七渡的孤山寨因3座孤立的山峰而得名,为一条风景秀丽的沟谷。孤山寨是十渡最著名的大峡谷,深约10千米,峡谷两侧山峰林立,怪石嶙峋,越往里走山势越险峻,峡谷越窄,其中"一线天"巨缝最为著名。巨缝长65米,宽1—1.5米,最窄处仅60—70厘米。缝隙两侧岩石凹凸不平,上有类似钟乳石的形态发育,这是雨水渗入溶蚀的结果。斑驳的沉积痕迹如壁画,似崖刻,有的如飞禽走兽,有的似云霞波涛,千姿百态,美不胜收。

孤山寨

在十渡村西，有一条山脉自北向南延伸，到拒马河陡然而止，宛若巨龙探头俯身饮水，这就是当地富有神话色彩的"龙山"。相传很久以前，有一条恶龙在此作乱，玉皇大帝盛怒之下，用宝剑刺穿了恶龙的脖子，恶龙之身便化为了龙山。如今在龙山东侧，仍有一块直上直下的崖壁，传说是玉皇大帝用来制服恶龙的佛贴。这个"佛"字高3米多，宽约2米，远看比较清晰，近看有些朦胧，雨后比较真实，平日有些虚幻。实际上，这是溶蚀和风化作用共同的杰作。崖壁之上多缝隙，经雨水冲刷就会发生溶蚀，由于缝隙的不均匀性，有的地方溶蚀较重，在岩石表面就生成石灰华一类沉淀。岩石中含有的泥质和铁质，历尽风吹日晒，最终被氧化成棕黄色。

十渡，山山石奇峰险，渡渡水清景美，三步一景、五步一画绘出百里画廊；百米一桥、千米一渡，构成十渡风光。初春，它百花争艳，香溢山川；盛夏，它群峰叠翠，碧波荡漾；深秋，它红叶似锦，柿坠枝头；寒冬，它山岭披银，冰河如镜；它像一幅绝美的山水画卷，峡谷里，曲流回转，湾阔水深；青山中，风韵如画，渡渡有名……

拓展提升

喀斯特地貌、丹霞地貌、雅丹地貌并称为中国的三大地貌，其中与喀斯特地貌分布特点相似的便是丹霞地貌。丹霞地貌是红色砂砾岩被流水切割侵蚀而成的一类地貌，它是构成风景名山的一种重要地貌类型。典型的丹霞地貌群峰成林，赤壁丹崖，色彩斑斓，洞穴累累，高峡幽谷。世界上的丹霞地貌主要分布在中国、美国西部、中欧和澳大利亚等地，我国是世界上分布最广的国家，在热带、亚热带、温带湿润区、半湿润区、半干旱、干旱区和青藏高原高寒区都有分布。我国现有丹霞地貌730多处，其中著名的有以下几处：

1. 广东丹霞山

丹霞山位于广东省韶关市东北的仁化、曲江两县交界地带，总面积290平方千米，是丹霞地貌的命名地，丹霞山正处于壮年期，也是中国发育最典型、类型最齐全、形态最丰富、风景最优美的丹霞地貌。这里的山岩看似赤城层层、云霞片片，古人取"色如渥丹，灿若明霞"之意，称之为丹霞山。

2. 贵州赤水、重庆江津四面山

贵州赤水、重庆江津四面山位于四

川盆地南部与黔北高原交接地带，赤水市境内分布面积有1300多平方千米，为我国面积最大、发育最成熟典型、最壮观美丽的丹霞地貌景区。

3. 张掖祁连山

甘肃张掖祁连山丹霞地貌群，集中分布在临泽、肃南两县境内，分布面积300多平方千米，仅次于中国最大的赤水丹霞，是发育最大最好、地貌造型最丰富的丹霞地貌地区之一，尤其是肃南白庄子一带发育有我国最好的窗棂状和宫殿式丹霞地貌,是我国干旱地区最典型的丹霞地貌。

4. 河北避暑山庄

避暑山庄位于河北承德市，海拔为320—370米，这里的丹霞地貌造型奇特绚丽、雄浑奇伟，构成了"热河十大自然山景"，是我国北方罕见且较典型的丹霞地貌。

思考：丹霞地貌的形成与喀斯特地貌有什么区别，又有什么相似之处？

延伸推荐

1.《南方秘境：中国喀斯特地理全书》，朱千华著，中国林业出版社2014年；关键词：喀斯特景观，景观下的生物，景观下的人类。

2.《最美中国行：大美喀斯特》，琬田编著，研究出版社2013年；关键词：喀斯特，石林，桂林，天坑，溶洞。

3.《科普知识博览·地球百科：天坑》，王经胜编著，北京联合出版公司2013年；关键词：天坑，类型，景观，探险。

4.《科普知识博览·地球百科：溶洞》，王经胜编著，北京联合出版公司2013年；关键词：喀斯特，溶洞，中国溶洞。

5.《喀斯特专辑》，《中国国家地理》2011年第10期；关键词：喀斯特，天坑，洞穴，峰林峰丛，石林，峡谷。

十 梯田，不只是风景

元阳梯田，又种田来又养鱼，哈尼人在梯田里种出了天堂般的日子。

其实，梯田是在坡地上分段沿等高线建造的阶梯式农田。南国的水梯田，不仅是绝妙的大地雕刻，更像映照天空的万千明镜，成为美丽的自然景观！人们因地制宜，层层叠叠，盛住了水，稳住了土，在空中耕织着锦绣生活，世代靠梯田里的糯稻和散养的鲤鱼生存繁衍，因此它们更是人类智慧的结晶，是人间奇迹！

中国有最美的梯田，这是祖先用几个世纪的生命与汗水筑造的一道世界级"风景"！

主题阅读

梯田：等高线上的秘密

在我国的土地利用规定里，坡度大于25°的山坡，是不适合农耕的，需要退耕还林或还草。然而，在人口密度很大的山区，不得不利用坡地种植作物，

梯田

于是，梯田就成为把坡地变成平地的土地利用手段之一，梯田也成为人类在长期的农业实践中摸索出的重要农耕经验。

中国梯田修建的历史悠久。据出土文物考证，在今四川彭水县东汉时期（25—220）的古墓中发现了陶田图，图中陶田里，丘丘相接，好像鱼鳞，略呈阶梯形状的梯田修筑在大约25°以下的坡地上，田块的平面形状为沿等高线横向成长条形状。专家们认为那就是梯田了。

在中国，梯田的分布很广泛。随着社会的不断发展，人们对梯田认识更加全面，对其类别的划分也更加细致，划分的标准为断面形式、地区分布、材料组成三种。

一、按断面形式分类

按照梯田断面形式可将梯田分为二种：阶台式和波浪式。

1. 阶台式

阶台式梯田是在坡地上沿等高线修筑成逐级升高的农田。它包括以下几种形式：水平梯田、坡式梯田、反坡梯田、隔坡梯田、复式埂坎梯田、削坡复式梯田。

（1）水平梯田：是梯田中最常见的一种。它是沿着等高线把坡地修成水平阶梯状的农田，在我国也可以定义为

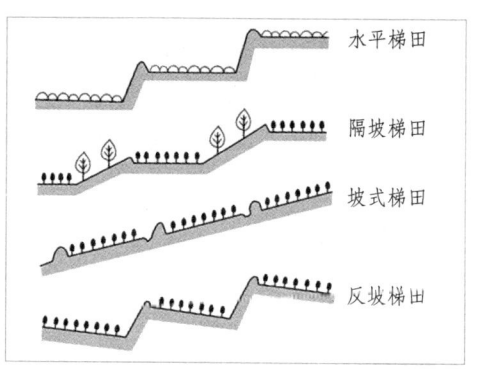

常见梯田类型

将坡度小于15°的坡地改成水平的台阶式农田。通过许多专家、学者多年的研究和探索证明，水平梯田是缓解水土流失、提高作物产量的最有效的一种方法，因此被广泛地应用。

（2）坡式梯田：是在坡上一般间隔20—30米沿着等高线修筑田埂，对埂内地表不加任何整平，且保留原有坡度。它主要是通过人为的翻耕和加高地埂，使得田面坡度逐渐减缓，最终成为水平梯田，实现减少坡耕地水土流失的目的，所以被认为是坡耕地转化成水平梯田的一种过渡。

（3）反坡梯田：梯田田面坡向与山坡方向相反，反坡角度为3°—5°，修筑形式为外高内低。该种梯田具有较强的蓄水、保土和保肥能力等优点，适合在干旱、水土冲刷较重而坡形平整的山坡地及黄土高原地区应用，但由于其较为复杂的形式，在修筑工程中较为费工。

反坡梯田

（4）隔坡梯田：是水平梯田和自然坡地沿着山坡相间分布，在实际应用中可以定义为上一阶梯田与下一阶梯田之间保留一定宽度的原山坡地，该坡地可以作为下一级水平梯田的集水区。这种梯田的作用是将坡面上产生的径流收集到下方的水平农田上，为下方农田作物的生长提供必要的水分。

（5）复式埂坎梯田：是由上、下两部分组成的复式田坎，它的结构为上缓下陡，上部是填土部分为软埂，下部是切土部分为硬埂。它的这种修筑形式主要是防止田坎较高容易滑塌，同时也给机械施工与耕作提供方便。

（6）削坡复式梯田：又称为集流梯田，它是水平田面与削减原地面坡度的缓坡田面相结合的复式断面梯田。它的优点是田坎较低、工作量不大、工期短，更适宜于在地多人少的干旱半干旱地区广泛应用。另外，在水土保持方面体现在提高土壤的抗冲蚀能力，提高地表水资源的利用率。

2.波浪式

波浪式梯田是在缓坡地上修筑成断面呈波浪形的农田。软埝是一种具有代表性的波浪式梯田，该种梯田的特点是坡度不超过5°且便于机械耕作。

二、按地区分布分类

由于梯田对地形要求的独特性以及我国地形分布的特点，我国梯田主要分布在黄土高原、云贵高原以及江南丘陵3个区域。

1. 黄土高原梯田

黄土高原是世界上黄土覆盖面积最大的高原。目前，黄土高原的水土流失状况严重，造成水土流失的主要因素包括自然因素和人为因素。自然因素有夏季降水集中且多暴雨，黄土土质疏松，植被覆盖率低；人为因素有破坏植被，开矿，不合理的耕作制度。通过多年的研究和探索发现，在该区域修建梯田能够有效控制、改善水土流失问题。

2. 云贵高原梯田

云贵高原是中国第四大高原，地势由西北向东南逐渐降低，哈尼梯田和龙脊梯田是该区域内梯田的代表，坡度大、级数多也是该区域梯田的一大特色，最大坡度能达到75°，梯田级数最多达3000级。梯田在该区域的主要作用是充分蓄积丰富的山泉水资源，开垦农田，进行农业生产。

3. 江南丘陵梯田

我国长江以南的地形多以低山、丘陵、盆地为主，也使得该地区的梯田多修建在低山、丘陵的山坡上。由于该区域雨水充沛，梯田的作用体现在林果、农作物、经济作物等多种种植结构方面。

三、按梯田材料分类

梯田按照田坎的材料构成划分，可以分为土坎梯田和石坎梯田。

1. 土坎梯田

土坎梯田是沿着等高线把坡地修成水平，外侧用土体培埂夯实，内外侧材料质地相同的梯田。该类梯田主要分布在黄土高原和云贵高原等地。

2. 石坎梯田

与土坎梯田不同，石坎梯田是沿着等高线把坡地修成水平，外侧用石块等质地坚硬的材料砌成田坎、内侧壁填土而形成的阶梯状农田。该类梯田与土坎梯田另一个区别在于：田坎与田坎内的土质质地不同。以上特性也决定了该类梯田主要分布于我国降水量大、土体较少的南方等山区。

这种在坡地上沿等高线修筑农田，不仅可改变地形坡度、拦滞径流、稳定土壤，具有保水、保土、保肥作用，增加单位面积粮食产量，还使得丘陵高山地区的大面积种植成为现实。山地给梯田支撑起骨架，让它在天地之间站起；人类的农耕文明则给了它灵与神，让它延续千百年。

哈尼梯田：天人合一的农业景观

自20世纪80年代以来，元阳哈尼族

梯田的知名度日渐提高，从封闭的哀牢山走向全国、走向世界，国内外专家学者和游客纷至沓来。法国人类学家欧也纳博士称赞："哈尼族的梯田是真正的大地艺术，是真正的大地雕塑，而哈尼族人民就是真正的大地艺术家！"千百年来，哈尼族在红河南岸哀牢山区定居下来并开垦大量梯田之后，梯田文化就成为整个哈尼族的灵魂。

一、哈尼梯田的特点

哈尼族梯田生态系统呈现出以下特点：每一个村寨的上方，必然矗立着茂密的森林，提供水、用材、薪炭之源，其中以神圣不可侵犯的寨神林为特征；村寨下方是层层相叠的千百级梯田，那里提供着哈尼人生存发展的基本条件——粮食；中间的村寨由座座古意盎然的蘑菇房组合而成，形成人们安度人生的居所。这一结构被文化生态学家赞为人与自然高度协调的、可持续发展的、良性循环的生态系统，这就是千百年来哈尼人民生息繁衍的美丽家园。

哈尼村寨

二、哈尼梯田的地理成因

元阳哈尼梯田之所以如此壮丽和独特，首先是由大自然特殊地理结构所造成的。元阳位于云南省南部，而云南省地形分布的特点是西北高、南部低，从

元阳哈尼梯田

滇西北的中甸、丽江经大理、楚雄到滇南的思茅、西双版纳、红河、文山，海拔渐渐下降，形成了滇西北高海拔地区常年无夏的寒温带、寒带气候类型和滇南低海拔地区全年无冬的亚热带、热带气候类型。从滇西北到滇南，随着海拔降低，立体气候分异越来越显著，降雨量也越来越大。全省降雨量最大的就是红河南岸哈尼族聚居地区，降雨量竟达到年均1397.6毫米，相应的稻作农耕越来越密集，旱地耕作越来越少。这就使从滇西北的怒江、澜沧江、长江水系到滇南江河水系流域，梯田稻作文化越来越发达，并最终在红河南岸哀牢山南段哈尼族地区形成全省乃至全国最集中、最发达的梯田稻作区的地理构成环境。

其次，哀牢山特定的地形、气候等自然条件也决定了元阳哈尼梯田必然形成最壮丽、最独特的奇观。元阳的地貌特征是山高谷深、沟壑纵横，多为切割中山地类型，即县内众山在亿万年中被红河、藤条江水系深度切割，中部突起，两侧低下，鸟瞰全境，山地连绵，层峦叠嶂，地形呈"V"形发育，高下之间，壮观异常。境内最低海拔为144米，最高海拔为2939.6米，高差2795.6米。县内气候多属亚热带季风类型，但因地形复杂，高低悬殊，立体气候分异突出。河坝区年均温度25℃，最高气温42℃，高山区年均温度11.6℃，两区温差达13.4℃。在由河坝经下半山、上半山到高山区的行程中，要经历热带、温带、寒带的变化，正所谓"一山分四季，十里不同天"。河坝峡谷因其酷热干旱，被称为"干热河谷区"；高山区因低温降雨量大，被称为"阴湿高寒区"。河坝区蒸发量大，高山区云雾密度大、降雨丰富。境内以红河、藤条江两大干流为主的水系共有支流29条，总长700余千米，水资源总量为26.9亿立方米，这些江河就是元阳所有水源的总源头。低纬度干热河谷区常年出现的高温使江河之水大量蒸发，巨量水蒸气随着热气团层层上升，在高山"阴湿高寒区"受到冷气团的冷却和压迫，形成元阳年均雾期180天和年均降雨量1397.6毫米的状况，这也是为什么元阳上半山地区终年大雾笼罩、降雨极其丰富、云海格外神奇壮丽的原因。

三、哈尼梯田的作用

哈尼族以数十代人毕生心力，垦殖了成千上万梯田，将沟水分渠引入田中进行灌溉，因山水四季长流，梯田中可长年饱水，保证了稻谷的发育生长和丰收。哈尼族垦殖梯田的想象力令人惊绝，其随山势地形变化因地制宜，坡缓

千奇百怪的梯田景观

地大则开垦大田，坡陡地小则开垦小田，甚至沟边坎下石隙之中，无不奋力开田，因而梯田大者有数亩、小者仅有簸箕大，往往一坡就有成千上万亩。这一景观构成了千奇百态变幻莫测的天地艺术大交响乐，成为举世瞩目的梯田奇观。

（作者：杨崇广；选自《地理教育》2011年第11期）

龙脊梯田：绝妙的大地雕刻

龙脊梯田位于广西壮族自治区桂林市龙胜各族自治县龙脊镇的龙脊山脉（东经109°32′—100°14′，北纬25°35′—26°17′），距县城22千米，距桂林市80千米。龙脊梯田因山脉如龙之脊背而得名，山脉左边是桑江，右面是壮族和瑶族先人开凿的梯田，即龙脊梯田。龙脊梯田核心保护区内梯田主要包括平安壮寨梯田、龙脊古壮寨梯田和金坑红瑶梯田三大片区。龙脊梯田区域内物种资源丰富、景观雄伟壮丽，不仅是我国各民族和谐共处的典范，更是中国南方山地水土保持的楷模，多次作为国家名片出现在全球各重要媒体的显著位置。龙脊梯田是当地先民发挥聪明才智、利用自然、改造自然的一大创举，尤其在水土保持方面有独到之处。

龙脊历代居民在利用区域内土地时，充分考虑了当地的地理自然环境，将整个山体分为三段：山顶为森林，山腰建村寨，寨边及寨脚造梯田，即当地百姓民谚中俗称的"山顶戴帽子，山腰围带子，山脚穿裙子"。山顶的森林分布在1100—1850米的高程范围，有利于水土保持、涵养水源，使山泉、溪涧常年流动，保障了人畜用水和梯田农业生产用水的充沛；同时，森林还可以为人们的生活提供一定的食物。在山腰上建村寨，是因为山腰气候较为温和，冬暖夏凉，适宜居住，从而创造了一个舒适的生活环境。村下开垦的梯田分布范围在350—1100米高程内，有利于引水灌溉，发展农业生产，又能够方便村内粪便等有机肥料运输到田间。

这样的设计，一方面，形成了梯田区加森林区的一个生态平衡系统，对水土保持、改良土壤都有重要意义；另一方面，层层田埂把土壤和水分很好地控制在稻田中，做到了很好的水土保持工作，使梯田的水土始终处于一个不河不涸、林田共养的动态平衡之中。这种森林—河流—村寨—梯田的结构实现了功能合理、自我调节能力强的养分循环，体现了人与自然天人合一的高融合复合农业特征。

一、梯田开凿

在开凿梯田之初，龙脊先民就懂得要遵循当地自然环境得天独厚的生态规律，严格根据山体走势和形态精心打造每一层梯田，达到了目的性和规律性的有机统一。在纵向的坡度上，依照同一个角度依势而上，层次分明；在横向的等高线上，每一块梯田都随着山体的曲线塑造，与山体走向相融合。随体赋形的梯山为田活动，使山体表层的景观生态得以改变，但未破坏山体的内在肌理，因而，以梯田为载体的山体景观生态得以保持。

龙脊梯田线的旋律

不仅梯田的形态随山而造，开凿梯田的地址也因地制宜。由于这里土山（山表土层深厚的山）与石山（山表土层相对较浅的山）相间，石山多而土山少，龙脊先民只是在土层深厚的土山上开辟梯田，石山就大致保持了自然风貌。梯田虽然大的不过一亩，小的不过种几十颗禾苗，但却有其独特的功能。一方面，耕作方式因地制宜，继承了壮族和瑶族先民的传统生计方式,使稻作农业生产得到了延续和发展;另一方面,通过梯田田埂把土壤和水分很好地控制在稻田中,也保护了关乎生存和发展的水土资源,维护了龙脊地区居民生存的根基。

二、住宅选址

龙脊先民在选择人居地点时,充分结合了当地的地理环境特点及梯田的生产,将住宅选择建在山腰的位置。这样的设计除了山腰冬暖夏凉、气候适宜之外,主要还有以下几个方面的好处。

龙脊梯田上的村寨

第一,山顶植被的蓄水功能,为山腰村寨里居民的用水提供了有利条件。村寨位于山腰,村民生活用水取自山间泉水,这些水来自于山顶森林涵养的水分,经过层层渗透和土层过滤,没有受到任何污染。对龙胜生态环境的监测结果显示,龙胜县空气质量达国家一级标准,生活饮用水达国家水源水质一类标准。

第二,有利于居民生活废弃物的处理和居住环境的保护。村民生活废水顺着山体向下排放,既减少了村寨周边环境的污染,又可以成为梯田灌溉用水的重要来源。人畜粪便等农家肥,顺着山势能够较容易地运到梯田以增加梯田的肥力,还能减少对村寨周边环境的污染。

第三,方便居民获取生活能源和食材。山顶郁郁葱葱的灌木丛,既是天然的能源宝库,还能满足村民取暖做饭对能源的需求。山顶森林中还生长着各种蘑菇、野菜、中药材、野生动物等,能够在一定程度上改善村民饮食结构,保持营养均衡。

第四,能够避免自然灾害。龙胜地区夏季多暴雨,极易形成洪水,造成泥石流、山体滑坡等次生灾害,将住宅建在山腰可以避免洪水的侵袭,也可以在很大程度上降低泥石流、山体滑坡的威胁。

三、作物分布

龙脊梯田在作物种植上也悉心使用着每一块土地,根据不同海拔不同土壤,种植不同作物。

龙脊梯田传统农业系统海拔最高为1850米,最低为300米,梯田分布范围在350—1100米高程内,1100—1850米的高程内的高山峻岭基本都是森林区域。梯田两岸植被保护良好，随山势海拔变化形成的立体气候分布着不同的乔、灌、草森林植被类型。海拔1700米以上，森林以亚热带常绿落叶阔叶混交林为主；海拔1300—1700米，以壳斗科、木兰科、樟科、杜鹃花科阔叶树种为主，形成中亚热带中山山地落叶常绿阔叶混交林；海拔800—1300米，以阔叶树为主，松杉等为辅；海拔300—800米，为杉树、马尾松、油茶、油桐、毛竹及众多阔叶林种。这一地区四季常青，形成了梯田区外围被森林区包围的一个自然人工生态平衡系统，层层梯田田埂把土壤和水分很好地控制在稻田中，非常有利于水土保持与改良土壤。

龙脊梯田耕作

此外，由于龙脊梯田的土壤在垂直分布上各有差异，所以土壤不同，植被也就各有不同。海拔500米以下多为山地红壤，500—800米多为黄红壤，800—1350米多为黄壤，1350米以上以黄棕壤为主。自然土壤适宜林木、茶叶生长，由花岗岩发育成的高山黄棕壤最适于种植夏秋萝卜，由砂页岩发育成的黄红壤最适于罗汉果生长。各土壤层有机质含量丰富，土壤肥沃，在不同海拔的各个土壤带因地制宜地种植茶叶、罗汉果、辣椒、红薯、芋头、玉米、高山蔬菜、水果等农产品，龙脊梯田农业系统也形成了融水土保持和有较高经济价值为一体的山地利用系统，堪称人与自然和谐共生的典范。

（作者：卢勇，余加红，唐晓云；选自《国土资源科普与文化》2018年第1期）

拓展提升

庄浪梯田位于甘肃省平凉市庄浪县。从20世纪60年代起，酷暑严寒吓不倒、贫穷饥饿压不垮的40万庄浪人民自强不息，艰苦创业，征山不止，治水不休，坚持不懈地开展了以兴修水平梯田为中心，实行山、水、田、林、路综合治理的生态环境建设，苦战30多个春秋，终于建成了占全县总耕地面积90%以上的百万亩水平梯田，写下了庄浪历史上最为壮丽的一页，也写下了一串令世界惊叹的数字：修梯田付出了价值4.75亿元的劳动量，移动土方量2.96亿立方米。梯田化县的建成，奠定了庄浪农业产业化和可持续发展战略的基础；国家西部大开发战略和把旅游业培育成西部经济支柱产业政策的实施，为庄浪生态旅游业的发展创造了良好的机遇。

如今，走遍庄山浪水，放眼碧野蓝天，被誉为"梯田王国"的庄浪大地，望山山翠，看地地平，层层梯田如雕如塑，如诗如画。其"山顶沙棘戴帽，山间梯田缠腰，埝坝牧草锁边，沟底穿鞋"的生态梯田综合治理模式，使得慕名前来考察的日本、以色列农业专家情不自禁地称赞："这是庄浪人民在黄土高原上精心描绘的一幅景色迷人的风景画，简直是世界奇迹！"

思考：庄浪梯田在保护黄土高原生态方面有哪些作用？它与南方地区相比，在保持水土方面的原理相同吗？请简要说明。

延伸推荐

1.《哈尼梯田——历史现状、生态环境、持续发展》，宋维峰、吴锦奎等著，科学出版社2018年；关键词：哈尼梯田，历史现状，生态环境，持续发展。

2.《云南红河哈尼稻作梯田系统》，闵庆文、田密主编，中国农业出版社2015年；关键词：梯田，哈尼梯田，农耕文化，生态保护。

3.《广西龙胜龙脊梯田系统》，卢勇、唐晓云、闵庆文主编，中国农业出版社2017年；关键词：梯田，龙脊梯田，农耕文化，生态保护。

4.《湖南新化紫鹊界梯田》，白艳莹、闵庆文、左志锋主编，中国农业出版社2017年；关键词：梯田，紫鹊界梯田，农耕文化，生态保护。

5.《梯田：等高线上的秘密》，《中国国家地理》2011年第6期；关键词：梯田，水土保持，哈尼梯田，世界梯田。

十一 美丽台湾

山高水长的台湾，崇山峻岭耸入云端，大山壮阔的气势、秀美的山峦、神奇的传说等无不引人入胜，令人神往。

阿里山日出云海，霞光万丈，无边林海中，苍莽劲松翠柏粗壮高大，邹族部落里高山族风情浓郁，热情好客的主人唱着悠远的歌谣邀您举杯一聚。玉山上"义重如山，心清如玉"的石碑屹立于雪顶，衬托着朵朵圣洁的雪莲，昭示着一种新的台湾精神。日月潭碧波万顷浮光跃金，如烟如霞的樱花大道枝头花香诱人，如丝如绢的潭水中撑一只小舟，与日月对饮，与青山做伴。

一方台湾岛，百种风景奇。这里有说不尽的山水秀丽，有说不尽的传说故事……

主题阅读

台湾印象

从空中俯瞰祖国宝岛台湾，它形似两头尖尖的银梭，孤悬于太平洋之上，与大陆隔海相望，是中国领土不可分割的一部分。台湾全省面积为3.6万平方千米，是中国第一大岛。这片富饶的领土除了台湾岛以外，还包括澎湖列岛、钓鱼岛、绿岛等岛屿，在台湾岛周围星罗棋布，像一串明珠散落在太平洋碧蓝的海水中。台湾岛南北长394千米，东西长度较短，最长处为144千米，海岸线全长为1239.6千米。

一、地形

1. 东山伟岸

台湾岛基本地貌为中间高两侧低，地形多为山地和丘陵，其面积占到全岛的2/3，平原面积低于1/3，还有台地、盆地等多种地形。台湾岛的山地众多，因此在东部地区形成了近似高原的地貌。台湾岛五大山脉中央山脉、玉山山脉、雪山山脉、阿里山脉和海岸山脉（又名台东山脉）从东北向西南依次纵列，贯穿着台湾岛，多集中在东部。东部山地面积广大，在2.3万平方千米左右。五大山脉中玉山山脉主峰玉山是台湾的第一高峰,海拔3952米,也是中国东部沿海地区的最高峰。玉山因为海拔较高,所以山顶常年积雪,因在阳光下闪着纯净圣洁的光芒而得名。除了玉山山脉,阿里山脉也在东部地区,连绵起伏的高山云雾环绕,植被葱郁,被开发成著名的风景区。特别是阿里山脉的主峰大塔山,更是备受游客青睐的胜地。值得一提的是中央山脉,高大巍峨,所有的主峰海拔都在3000米以上。其纵贯南北,绵延320千米,横跨80多千米,山势雄壮,成为台湾岛地貌的分水岭,更像台湾岛的脊梁。

玉山主峰

在高山、盆地和平原之间,东部地区还有不少火山。岛上最大的火山群就是大屯山火山群,面积有430平方千米,地域广大。该火山群包括20座死火山,著名的有七星山、大屯山、竹子山和观音山等。大屯山火山群形成于280万年以前,火山喷发活动持续了200多万年,现在虽然已经停止了喷发,但是在火山口还常见硫气孔和温泉,并形成了多处著名的风景区,如大屯山火山口雨季积水形成的"天池"等。

2. 中陵浩荡

顺着山势向西绵延,中部地形较缓,多为丘陵和盆地,分布在阿里山脉以西。台湾的几个主要盆地:台北盆地、台中盆地和埔里盆地都分布于东部高山和西部平原之间的中部地区,因此统称为台中盆地。中部的盆地和丘陵面积广大,成为台湾重要的农业生产区。日月潭盆地也在其中。

3. 西平原辽阔

台湾岛地貌呈三级分布,到西部地区,便主要是冲积平原了。此处的平原面积达到了8000平方千米,因为耕作便利,也是台湾地区农业和人口最先发展起来的地区。台湾岛三大平原中的嘉南

西部平原

平原和屏东平原都分布在此。西部地区农业历史悠久，为后来的发展奠定了良好的基础，时至今日仍是台湾繁华的地区。

二、气候

北回归线从台湾中部穿过，使得台湾跨越亚热带与热带，但是受地形和地理位置影响，台湾气候以亚热带季风气候为主。因为台湾受海洋性气候影响较大，因此形成了夏无酷暑、冬无严寒的天气。台湾岛一年也有四季，但是季节变化不像温带地区那样明显，因此也有人说台湾一年只有两季，分别是4—11月的夏季和12月到第二年3月的冬季。

夏季7月前后是台湾最热的时候，平均气温在28℃左右，此时台湾降水丰富，特别是在山区，山间积云成雨，平均1—2天就有一场雨。夏天去山地避暑的游客较多，但是午后多暴雨，也会带来滑坡、泥石流等多种地质灾害。每年7—9月是台湾受到台风侵袭频繁时期。台湾的冬天，气候依然较为暖和，平均气温最低在15℃上下，如此高的气温，很难带来降雪，但可以到台湾来看"冬雨"。总体来看，台湾一年的平均降水量高达2000毫米以上。

台湾除了亚热带气候和热带气候外，高山地区气候较为复杂，海拔在3000米以上的高山密布在台湾东部，气候多为高山垂直气候带，从山脚到山顶垂直方向从热带气候过渡到寒带气候。

三、资源

台湾岛的天然湖泊较少，最大的是著名的日月潭。除了湖泊外，还有约150条大小河流，其中6条比较大的是浊水溪、高屏溪、淡水河、大甲溪、曾文溪和大肚溪。最长的河流是中部地区的浊水溪，全长约186千米，发源于中央山脉，沿着地形向西流经西部平原，最后主流汇入台湾海峡，流域面积3100平方千米。浊水溪从源头到彰化县的二水时，海拔陡降3300米，水势湍急，形成了丰富的水能资源，因此沿岸建有数座发电厂。浊水溪盛产螺石，这种石头色彩亮丽丰富，有青色、褐色等，闻名于世的"螺西石砚"就产于此。

浊水溪

河流和湖泊连同海洋一起，给台湾带来了丰富的渔业资源。台湾岛岛东的太平洋处于寒暖流交汇处，终年渔期不绝，海产品非常丰富，其中多以鲔鱼、鲨鱼、鲲鱼等为主。而台湾岛西岸大陆架地势缓和平坦，富有浅海鱼类和贝类资源。

台湾的种植业一直很发达，尽管耕地面积不大，但是因为气候有利，水稻可以一年2—3熟，蔗糖、茶、香蕉等热带经济作物种类繁多，产量和质量都较高，有"水果王国"之称。

森林面积占了整个岛屿面积的一半以上，太平山、八仙山和阿里山是台湾的三大林场。高山地区气候呈垂直分布，因此树木种类很多，从热带、亚热带的阔叶林，到亚寒带、寒带的针叶林，应有尽有。各种名贵的木材如楠木、马尾松、红桧等，在这里也不少见。最著名的是台湾的樟树，每年提炼的樟脑和樟油产量占全世界的7/10。

多元包容的文化

作为中国第一大岛的台湾岛，面积广大，人口众多。从三国时期至今，台湾的开发已经有一千多年的历史。在这一千多年中，台湾不断发展变化，从原来的山山相望、海海相隔到今天的高度交流融合，这是社会发展的必然。台湾社会融合了不同的民族和人群，勤劳勇敢的人们在这片富饶的土地上创造出许多灿烂的文化。

一、县市分级，主次分明

台湾省除了本岛台湾以外，还包括金门、马祖、兰屿、绿岛、澎湖列岛、钓鱼岛等离岛。目前，台湾省的行政划分为省直辖市、县市和乡镇（乡、镇、县辖市、区）。5个省直辖市分别是台北市、新北市、台中市、台南市和高雄市。这5个市的规模都比较大，人口超过125万以上，在政治、经济、文化等方面占据着重要地位。台北作为省会城市，是全省的中心。基隆的基隆港、高雄的高雄海港、台中的文化建设等都成为台湾的标签。

另外，台湾设有桃园县、南投县、宜兰县、新竹县、云林县、花莲县等12个县。县市同级，县级市有3个，分别是基隆市、新竹市、嘉义市。在县市以下设置乡镇或者市区。但是县的中心城市称为市，属于县辖市，如花莲县的中心城市是花莲市。乡镇市区以下设置村或者里。

二、民族众多，民俗多彩

台湾的人口组成主要有原住民、客家人、闽南人和"外省人"。早期的台湾居民中有来自马来西亚、菲律宾等地的渔民移民，但更多的是来自中国大陆东南沿海的移民，他们有的以高山为家，有的宿海为居。多样的人口来源、生活方式和传统习惯使得台湾拥有了多种民族和风俗。汉族、阿美族、泰雅族、排湾族、布农族、卑南族、曹族、雅美族和赛夏族等众多的民族共同在宝岛居住。

台湾原住民文化

多样的民族创造了丰富的文化。一年中，各民族的传统节日不断，传统祭祀活动不断。例如丰收祭、播种祭、打耳祭、成人礼等，这既是少数民族人民宝贵的文化传统，也是全人类共有的精神财富。由于早期与外界交流较少，很多少数民族依然保留着原有的社会制度，如阿美族和卑南族保留着古老的母系社会制度，排湾族和鲁凯族则依据血缘关系和战功实行着贵族制度等。多样的社会制度使高山各族特点鲜明，就像现代社会中毫不被喧嚣沾染的明珠一般。

能歌善舞的少数民族用清亮的歌声和优美的舞姿述说着一代一代流传着的故事。汉族的妈祖祭祀、抢头香、拜城隍庙等，更是吸引了无数人参与。佛教、道教和儒学在台湾拥有广泛的信众，并保留着传统的风俗。

民族性的节日丰富多彩，全民共享的盛举更是多种多样。新北市的平溪放天灯，每年都会吸引几万人共同庆贺，布袋戏、歌仔戏等都是人们喜闻乐见的传统文化。

在长久的居住和发展中，各民族之间出现了不同程度的融合，高山族各族也曾经在西方传教士的影响下大范围接受了基督教。如今，为了更好地保护民族文化遗产，高山族也开始努力恢复自身的各种民俗文化。

台湾与福建一衣带水，是血脉至亲。早期迁入台湾的大陆居民中，有80%左右祖籍源于福建，因此台湾在语言、风俗、文化等各方面都受到福建很大影响。移民到台湾的福建人将妈祖信仰、王爷信仰、佛教信仰等带到了台湾，将梨园戏、莆仙戏等民间艺术带到了台湾，将金属工具和武器也带到了台湾。他们在台湾扎根成长，有的以姓氏聚居，有的以老乡聚居，有的与高山族杂居，一代代继往开来，开发着这片富饶美丽的土地，将自己的呼吸和命运与宝岛相连、与祖国相连。

台湾还有一个重要的族群——客家

人。客家人主要来自广东和福建，他们与闽南人一起，将大陆的灿烂文化带到宝岛上，为台湾的发展贡献了主要力量，丰富了台湾的文化和风俗。客家美食更是台湾饮食文化中浓墨重彩的一笔，其"咸、香、肥"的独特风味吸引了无数观光旅游的食客。

三、悠久历史，灿烂遗迹

台湾岛的开发历经岛上各族人民的多年励精图治，创造了悠久的历史，如今保留下来许多灿烂的文化遗产。

荷兰殖民统治时期的赤崁楼、安平古堡等，在海浪的拍打中肃然默立，经受着辉煌、倾颓、再起的种种变化，无声地为台湾记录着沧桑的历史。那些耻辱、那些成功、那些没落、那些变迁，都刻在这里的一砖一瓦之上，刻在这里的雕梁画栋之上。

赤崁楼

日本殖民者五十年的统治对台湾影响很大，他们强制推行皇民化运动，各个学校强制开设日语课和日本文化课，使得台湾受到日本文化的影响。五十年中，一代代人老去，一代代人成长，当时的年轻人大部分都有日本名字，多少会讲一些日语，直到第二次世界大战后，日本对台湾的影响仍然存在。

台湾有着千年中华文化的积淀，与大陆隔海同根，文化一脉相承，在保留中国传统文化的基础上，台湾开始有选择性地接受和吸收西方文化。台湾借助外资迅速发展经济的同时，教育和艺术方面的国际化也很明显。

指南宫、孔庙、文昌阁、行天宫等地香火鼎盛，寄托着人们对先贤的感恩、对未来的憧憬。参观抑或参拜，这里的每处风景都是庄严肃穆的，都是令人安静的。或居于闹市，闹市，或处于山林，那霓虹下，那云深处，是台湾信仰的见证，是台湾传统的留声。

台湾祭孔

近年来，随着电影电视的普及，台湾的娱乐业一枝独秀，在海峡两岸产生了深远的影响。台湾著名的导演李安享誉世界电影界，成为亚洲唯一获得奥斯卡最佳导演奖的人。除了奥斯卡奖以外，李安还获得了金球奖、金狮奖、金熊奖等多个国际电影奖项。

台湾还拥有无数自然遗迹，著名的喀斯特地貌、海蚀地貌、火山群等不但景色优美，还是著名的地质标本，是大自然鬼斧神工赐予台湾人民的遗产。著名的台湾八景中山水日月，朝霞云海，无所不包，是人间风景的大观。这些风景万年如一日在宝岛伫立，见证台湾的硝烟炮火，见证人民的安居乐业，见证一个个或平凡或不平凡的故事和流年，成为历史的记录者。

无论如何，血脉相连的永远是一家人。宝岛台湾的过去、现在和未来，台湾曾经的屈辱、现在的繁荣和未来的强盛，永远与祖国大陆紧密联系在一起。

漫步台湾岛

第一站：阿里山

阿里山山脉是台湾省的坐标风景，地处台湾省嘉义市以东75千米处，海拔超过2000米，与台湾最高峰玉山比邻而居。阿里山山脉是台湾的主要山脉之一，由18座山峰组成，海拔都在2000米以上，有大小塔山、祝山、万岁山等。

山势雄壮的阿里山也有着良好的水文环境。18座山峰此起彼伏，绵延不绝，成为清水、曾文两溪的分水岭，和社溪从阿里山东部流过，向北一直流向南投。

1. 山水相和，气候宜人

山水相和，成就了阿里山独一无二的地理环境和迷人风貌。长久以来，阿里山一直是台湾人避暑的好去处。由于海拔较高、山林茂密，阿里山一年的平均气温在10℃左右，夏季的平均气温仅14℃左右。台湾省位于热带和亚热带地区，夏季漫长而酷热，于是阿里山就成了广受欢迎的避暑胜地。来阿里山，要看山景；在少数民族部落，更要看森林、看鲜花。除此之外，日出、云海、晚霞、森林和高山铁路都是阿里山著名的风景，被称为"阿里五奇"。

2. 密林藏繁花

作为台湾最古老的林场之一，阿里山林木资源十分丰富。从山脚到山顶，从热带雨林到高寒针叶林，阿里山拥有数百种树木。走进森林中，有高大的乔木、攀缘的藤条、低矮的灌丛、遍地的苔藓……无数罕见的名贵木材都能在这里找到，著名的阿里山五木更是名声在外，分别是台湾杉、铁杉、红桧、扁柏和小姬松。红桧是阿里山神木，在林海深处还有两三千年的古树，神木高耸入云，人们需要使劲仰头才能看到没入云海的树顶。

阳春三月，是阿里山草长莺飞的季节，满山的樱花朵朵怒放，在枝头连成一片淡淡的粉色。樱花落后，杜鹃花、石楠花、桃花等次第登场，密林之中，高山之上，常年繁花似锦。

3. 独具特色的高山铁路

到阿里山，最不能错过的是这里举世罕见的高山铁路。目前，世界上仅有三条高山铁路，另外两条是印度阿吉岭—喜马拉雅山铁路和智利、阿根廷的安第斯山铁路。阿里山铁路最早是日本人为了运输木材建造的，全长71.4千米。阿里山铁路从海拔仅有30米的嘉义，一直爬升到海拔2216米的山顶。铁路途经77座桥和49个隧道，沿路经热带、亚热带、温带和寒带。火车一路穿山越岭，两旁是茂密的森林，远处是绵延的云海，椰子树、槟榔树、红桧、松树……各种树木比肩矗立，保卫着巨龙般腾空的铁路和神圣的阿里山。

阿里山高山铁路

第二站：日月潭

日月潭位于玉山与阿里山之间的断裂盆地中，是台湾省最大的天然湖泊。日月潭的水源基本上靠雨水来补给。其海拔748米，面积达到7.73平方千米，丰水期潭中若蓄满水，水面面积能达到8.4平方千米。日月潭湖周长在35千米左右，潭水水深处有27米，属于淡水湖泊，生活着多种生物。日月潭地处亚热带季风气候区，气候宜人，每天最低气温是15℃，夏天最高在22℃左右。宜人的气候孕育了美丽的风景，日月潭湖水碧绿清澈，晴天能看到湖水10米以下的深处。

日月潭

1. 美在天然

日月潭位于南投县鱼池乡，曾叫水连沙、龙湖、双潭等。以前日月潭是两个湖泊，后来由于发电的需要建筑水坝，两潭湖水升高，淹没了原来的堤岸，只剩了中间一个小岛没被淹没，两潭湖水连成一处，就成了著名的日月潭。潭中的小岛叫拉鲁岛，也曾名为珠屿岛、光华岛等。拉鲁岛形成了隔开两潭的天然"珠帘"：北面潭水圆满如日，所以称作日潭；南面潭水弯弯似月，因此称为月潭。

2. 日月潭"三美"：日出、樱花、拉鲁岛

朝阳跃出大山，将万丈光芒投向大地，日月潭湖面浮光跃金，荡漾着金色的波浪。此时放眼四望，碧绿的高山接天承地、比肩而立，拥抱着璀璨的日月潭。春天的日月潭，在湖面上远望红樱夹道，无数的樱花泼洒，粉红色的花瓣围聚在一起，绵延在湖周围的夹道上，像是为日月潭戴上了一个花环。拉鲁岛安静地躺在水面上，像湖水环抱的一颗明珠，小巧、秀丽、神秘。

3. 暮色日月潭

秋天是日月潭最美的季节。薄暮时分，日月潭蒙上了一层淡淡的雾霭，夕阳沉入山边，漫天晚霞渲染着雾气，雾气笼罩着湖面，日月潭更加静谧清幽了。当日月潭送走了夕阳的最后一抹光亮，暮色垂垂，凉意漫过湖面，清冷的天色伴随着越加浓重的山雾环绕着依然清澈碧绿的潭水。这湖水在暮色中，越发像是闪亮的仙家遗珠。

第三站：野柳岬

在大屯山系的末端，深入大海的海岬处，有一处奇特的地质风景区，海岬长达1700米，这里就是台湾久负盛名的野柳地质公园。台湾海岸线很长，在不同的海岸有着不同的风景。野柳地质公园就坐落于此，以其无数奇形怪状的风蚀、海蚀地貌闻名于世。远远望去，奇岩怪石在风浪中巍巍伫立，奇异的姿态仿佛是在随着风浪舞动。

1. 成因之谜

野柳地质公园位于海岬上，风浪较大。海风不断吹袭，使得这里原本整齐的山石变得支离破碎。风大的时候，波涛汹涌的海浪声势浩大，涌上岸来。海水的冲击，海盐的侵蚀，将坚硬的石头变得非常脆弱。海水退去，大风裹挟着海面的湿气侵来，再坚硬的石头也会无力应对。经年累月的风吹浪打，石头片片剥离，剥离的砂石又被涌上岸的海水带入海中。无数次风蚀海蚀，高大的山石终于斑斑驳驳，日日变化，呈现出现在鬼斧神工、人间罕有的姿态。

2. 野柳石海

野柳地质公园中有成千上万奇形怪状的石头，它们或者遍体如蜂窝一样斑斑点点，或者形如巨伞撑开，或者像石

龟匍匐在地……没有重复，没有相似，每一块石头都有各自的姿态，有各自的性格。蕈状岩是野柳公园最吸引人的一道风景线。著名的女王头石不仅是野柳地质公园最美的风景，也已经成了整个台湾的名片。女王头形态优美，脖颈修长，但是因为近年来旅游开发速度太快，保护措施没有跟上，加上该地区风大浪大，风化进一步作用，因此专家推算照此下去女王头还能撑10年左右就会倒掉坍塌。那时，这一道神奇的风景线将从野柳地质公园消失。

3. 鸟啼野柳

野柳公园还接待着来自北方特殊的客人——候鸟。每到秋末，成千上万的鸟儿从北方飞来，在这里栖息落脚之后继续往南飞去。白眉巫、戴胜、黄眉柳莺等鸟类成群结队飞来，带着旅途的风尘落在海岬上，海水洗掉它们一路的疲惫，成就了野柳的别样风景。在只有海风、海浪和奇石的野柳公园，鸟儿或盘旋低飞，或展翅翱翔，有时喃喃低语，有时对空长鸣，仿佛在与石头对话。那浅笑的女王，那悠然的象石，那精巧的梅花，都是鸟儿

野柳地质公园女王头

最好的朋友。这壮观的一幕扣人心弦，让人感慨生命的伟大、自然的伟大。

拓展提升

小时候，乡愁是一枚小小的邮票，
我在这头，母亲在那头。
长大后，乡愁是一张窄窄的船票，
我在这头，新娘在那头。
后来啊，乡愁是一方矮矮的坟墓，
我在外头，母亲在里头。
而现在，乡愁是一湾浅浅的海峡，
我在这头，大陆在那头。

余光中的一首《乡愁》，道出了海峡两岸骨肉血亲的深深思念和绵绵愁绪。

其实，从地缘上看，在远古的时候，台湾岛和祖国大陆是连接在一起的。后来，由于地壳运动，海平面时升时降，台湾岛也时沉时浮，直到5000多年前，相连接的部分下沉为海峡，台湾岛便成了祖国东海中一个四面环海的大陆岛。

从血缘和文化看，台湾人的祖先大多在祖国大陆，尤其以福建居多。很多人不仅会说普通话，还会讲闽南语，而且同样供奉妈祖。另外，春节和元宵节也是他们最重大的节日，春节期间会舞龙狮、吃水饺，元宵节会放花灯、吃汤圆。

思考：除了地缘、血缘，你还能从哪些方面来论证台湾是祖国神圣不可分割的领土？

延伸推荐

1.《我们台湾这些年》，廖信忠著，台海出版社2018年；关键词：台湾省，现状，历史。

2.《魂牵梦系是台湾》，王秀莉著，北京联合出版公司2016年；关键词：台湾省，景点，历史，文化。

3.《台湾省地理》，王建民、毕福臣著，福建人民出版社2002年；关键词：台湾省，自然地理，人文地理。

4.《图说天下·国家地理：中国最美的地方精华特辑·游遍台湾》，《图说天下·国家地理系列》编委会编，北京联合出版公司2012年；关键词：台湾省，地理，景点。

5.《美丽台湾》，张妙弟主编，蓝天出版社2014年；关键词：台湾省，自然景观，人文景观。

十二　大漠孤烟直

"大漠孤烟直，长河落日圆"的千古名句为我们展现了一幅壮阔雄奇的塞外风光：广阔无垠的大漠，黄沙漫漫，橘红色的夕阳收敛了光辉，静静地居于天际，辉映着波澜不惊闪着白光的河水，沙漠上升起一缕白色的烽烟，直上高空。

深居内陆、远离海洋的西北塞外，降水稀少，气候干旱，沙漠、戈壁广布。塔克拉玛干沙漠、古尔班通古特沙漠、巴丹吉林沙漠、腾格里沙漠、库木塔格沙漠、乌兰布和沙漠、库布其沙漠、毛乌素沙漠、科尔沁沙地、呼伦贝尔沙地……一个个令人敬畏的大漠都分布在那里，虽成就了"大漠孤烟直，长河落日圆"的壮阔，然而却让著名的古代文明掩埋在茫茫黄沙之中，又让今天的国人忍受黄沙的报复！

主题阅读

罗布泊迁徙之谜

中国新疆的罗布泊是一个充满传奇色彩的地方，它被认为是楼兰古国的生命之源。据说正是因为罗布泊的迁徙，才造成了楼兰气候的恶化，人类最无法生存，只能弃城而去。

据地图记载，在罗布泊变成盐滩后，别处又戏剧性地出现了一个新的湖泊，可再隔40年，这个新湖又完全干涸了。难道湖泊真的会自己移走吗？

我国的地质学家通过实地考察后，发现罗布泊并没有发生明显的湖体游移，它的水体变化受控于入湖水系变迁，罗布泊并不是"游移湖"。

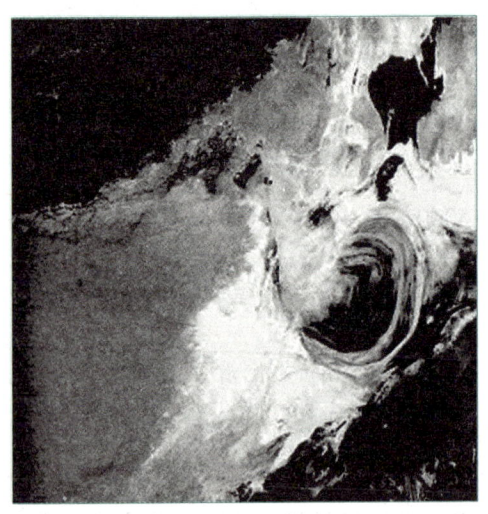

罗布泊湖盆卫星照片

在卫星影像图中，位于新疆若羌县境东北部的一处地形极像一只巨大的人耳，那就是已经干涸的罗布泊湖盆：湖水退缩蒸发后留下的一层层盐壳恰似"耳轮"，被伸入湖中的半岛一分为二的东西两湖好像两个"耳孔"，而喀拉库顺湖注入后形成的三角洲宛若一弯柔软的"耳垂"。

从高度上看，罗布泊和它南面的喀拉和顺湖都是平原中局部陷落的小洼地，罗布泊要更低一些。罗布泊最低处为778米，与其相邻的喀拉和顺湖最低处为788米，两者相差10米，水往低处流，不大可能发生罗布泊倒流喀拉和顺湖的现象。

但在湖底钻探取样测定年代的结果发现，湖底沉积物1.5米深处，是3600年前的沉积。而且沉积物中含有香蒲属和莎草科植物花粉，不同层次中都有这些水生植物花粉的分布。这说明近万年来，罗布泊经常有水相沉积物。

由此可以知，水流一般先进入喀拉和顺湖，最后到达归宿地罗布泊。喀拉和顺湖也是个淡水湖，而非终点湖。历史时期内罗布泊水体没有发生过倒流入喀拉和顺湖的现象。只是由于塔里木河和孔雀河下游山系经常变动改道，会使终点湖罗布泊的位置、大小、形状发生较大的变化。

另外，关于罗布泊的迁徙还有很多猜测，但由于罗布泊深藏在沙漠深处，人们要想靠近它十分困难，所以仅有的几次成功的现场考察，却在理论上产生了严重分歧。早在19世纪下半叶，就有学者来到罗布泊进行了考察。他见到的湖泊芦苇丛生、鸟类聚居，是一大片富有生机的淡水湖，可这个湖泊与中国地理记载的罗布泊有南北一个纬度的差别。所以有人认为他见到的可能根本不是罗布泊，真正的罗布泊早已经干涸。也有人据此提出了惊人的想法：由于汇入罗布泊的塔里木河携带大量泥沙，造成了河床的淤塞，填高了湖底，于是罗布泊便自行改道，游移到了别的地方。这正是那个学者发现的湖泊。

一个世纪以来，罗布泊由一个浩瀚大湖，最终变成了一个干涸的"大耳朵"。它所经历的沧桑，给我们留下一部干旱区开发史。

两大沙漠要"握手"

巴丹吉林沙漠横贯内蒙古西端阿拉善盟，面积为1.7万平方千米，是我国第三大沙漠；腾格里沙漠南部分布在阿拉善盟境内，部分在甘肃省和宁夏回族自治区境内，面积为4.27万平方千米，是我国第四大沙漠。本来两大沙漠

巴丹吉林大沙漠

被长110千米、宽10—20千米呈东北—西南走向的雅布赖山及南部的甘肃省民勤县生态绿洲所阻隔,但近几十年来因气候变暖及人类活动的影响,使得两大沙漠"牵"起手来。

根据卫星监测结果显示,在雅布赖山东南的阿拉善右旗孟根布拉格苏木境内、西南的甘肃省民勤县北与阿拉善右旗接壤处以及雅布赖山的中部,3条黄色的流动沙丘带把两大沙漠连接起来,并且黄沙以每年15—20米的速度南侵,向腾格里沙漠靠拢。

两大沙漠"握手"的主要原因之一是在强北风的作用下,巴丹吉林沙漠的流动沙丘南侵所致。因阿拉善盟位于西风带,年平均7级以上大风天数超过30天,大于每秒15米的大风日数和沙尘暴日数历年平均54.1天,最多年份达95天。大风频频,使干燥疏松的沙粒随风移动、搬运、堆积,再加上位于巴丹吉林沙漠西南的祁连山与西北的阿尔泰山形成一个天然的"风洞",加快了风力移沙速度,使巴丹吉林沙漠平均每年以15—20米的速度向东南方向的腾格里沙漠靠拢。另外,由于人为的滥采滥牧和连年的气候干旱,使两大沙漠之间的地域植被遭到破坏,也是两大沙漠握手的重要原因。据介绍,巴丹吉林沙漠东南缘在20世纪60年代曾分布着40多万公顷梭梭林,现在只剩下20多万公顷。

专家们认为,两大沙漠的"握手",是我国西部地区生态进一步恶化的体现。但目前它的主要后果是影响两大沙漠相隔地区数千牧民的生产生活，而不会明显加剧我国沙尘天气的发生。

2010年，总投资4.8亿元的大型人工阻沙生态屏障项目在内蒙古自治区阿拉善盟启动实施，其目的是以上百万亩林带来遏制巴丹吉林沙漠与腾格里沙漠的"握手"之势。

该工程位于"握手"尤为明显的雅布赖山一带，主要采取生物固沙与工程固沙相结合的措施，在两大沙漠之间封沙育林96万亩、人工造林40万亩、机械压沙12万亩，以封沙育林带、人工生态绿洲带阻断两大沙漠"握手"，改善当地的生态环境。

"死亡之海"塔克拉玛干沙漠

塔克拉玛干沙漠位于新疆的塔里木盆地中心，是中国最大的沙漠、世界第十大沙漠，同时也是世界第二大流动沙漠。整个沙漠东西长约1000千米，南北宽约400千米，面积达33万平方千米。

塔克拉玛干在维吾尔语中的意思是"走得进，出不来"。19世纪末，瑞典探险家斯文·赫定和他的同伴试图从西向东徒步穿越塔克拉玛干沙漠，他的两个同伴均在大漠中遇难，只有他一个人逃出这片大漠，自此这片大漠有了一个别名——"死亡之海"。

塔克拉玛干沙漠

塔克拉玛干沙漠是世界各大沙漠中最神秘、最具有诱惑力的一个。沙漠中心是典型的大陆性气候,风沙强烈,温度变化大,年平均降水量不超过100毫米,最低只有四五毫米,而年平均蒸发量高达2500—3400毫米。这里全年有1/3是风沙日,大风风速每秒达300米,狂风能将沙墙吹起,高度可达沙丘的3倍。

塔克拉玛干沙漠流动沙丘的面积很大,沙丘高度一般在100—200米,最高达300米左右。沙丘类型复杂多样,复合型沙山和沙垄宛若憩息在大地上的条条巨龙;塔形沙丘群,呈各种蜂窝状、羽毛状、鱼鳞状沙丘,变幻莫测。受风的影响,沙丘时常移动。

沙漠腹地有两座红白分明的高大沙丘,名为"圣墓山",它是分别由红砂岩和白石膏组成的沉积岩露出地面后形成的。"圣墓山"上的风蚀蘑菇,奇特壮观,高约5米,巨大的盖下可容纳10余人。

这里动植物虽然稀少,但都适应干旱大风的严酷自然环境。其中,植物根系异常发达,超过地上部分的几十倍乃至上百倍,以便汲取地下的水分;动物则有夏眠的现象。

塔克拉玛干曾有着辉煌的历史文化,古丝绸之路便途经塔克拉玛干沙漠的南端。许多考古资料说明,沙漠腹地静默着诸多曾经有过的繁荣。例如,在尼雅河流、克里雅河和安迪尔流域,西域三十六国中的精绝国、弥国的古城遗址至今在神秘沙海中鲜有人至;在和田河畔的红白山上,唐朝修建的古戍堡雄姿犹存。

古戍堡

变幻多样的沙漠形态,丰富而抗盐碱风沙的沙生植物,蒸发量高于降水量的干旱气候,以及尚存于沙漠中的湖泊,特别是被深埋于沙海中的丝路遗址、远古村落、地下石油及多种金属矿藏都被笼罩在神奇的迷雾之中。

沙生柽柳

拓展提升

库布其沙漠是中国第七大沙漠，也是距北京最近的沙漠，是北京及周边地区沙尘暴的沙源地。沙尘暴连续多次袭击北京及北方地区，让人感到库布其沙漠是个十足的"坏小子"。

为了控制库布其这个"坏小子"，亿利资源集团从1988年开始大规模地向"坏小子"开战。在治理方略上，他们采取了"南围北堵中切割"的办法。"南围北堵"就是在库布其北缘、黄河南岸建设锁边林。目前，一条长达250千米、宽达10千米的绿色屏障已傲然挺立在大漠边上，每年可减少数千万吨泥沙进入黄河。"中切割"就是在库布其腹地相继修起纵横交错的6条小"穿沙"路，把大漠分块切割，分解治理。

经过30年的时间，亿利人绿化库布其沙漠6000多平方千米，控制沙化面积11000多平方千米，可控制面积已达到杭锦旗境内库布其沙漠面积的2/3。由此产生了巨大的效益：一是生态效益，大漠变绿已成不争的事实；二是社会效益，沙区内万余户农牧民以农田草场入股、租赁、务工等方式参与生态建设，得到了实惠。这种集治沙、绿化、种植、加工、旅游于一体的循环产业基地，创造了"生态、民生、经济"为核心的库布其模式，使沙漠绿化与产业发展和民生改善得以平衡驱动可持续发展并且被联合国组织确立为荒漠化治理的样本，向中亚、非洲等全球范围内饱受荒漠化治理的地区加以借鉴和推广。

思考：亿利人治理库布其沙漠的案例对其他地区有什么启示？请举例说明。

延伸推荐

1. 《挺进沙漠之路》，《挺进沙漠之路》编写组编，广东世界图书出版公司2011年；关键词：沙漠，探险，历史。

2. 《中国的沙漠》，贾文毓、孙轶主编，希望出版社2015年；关键词：沙漠与自然、沙漠与人文，主要沙漠，荒漠化防治。

3. 《西部地标：中国的沙漠戈壁》，王涛等编著，上海科学技术文献出版社2008年；关键词：中国，沙漠，戈壁。

4. 《让中国孩子自豪的创新科技丛书：沙漠治理》，崔玉平著，杜晓西绘图，北京师范大学出版社2013年；关键词：自主创新，治沙技术。

十三　风的足迹

在巨大的中国城市分布图上，东南部城市遍布如银河星斗、不可胜数，而当视线逐渐向西北移动，城市便逐渐稀少，如黎明的晨星逐渐寥落在大漠戈壁荒凉的背景之中。

然而，就在西北这茫茫的大漠戈壁之中，还有另类的座座"城池"拔地而起：远远看去，高大的城墙、瞭望塔、垛口兀自威严，似乎在那背后正有无数勇猛的古代武士戍守。还有那一个个硕大的"蘑菇"或"竹笋"，仿佛是神灵的菜园，或者是灰蒙蒙的戈壁上忽然出现了玛瑙、风棱石等各种奇石，似是魔鬼遗落的财宝。它们摈弃了绿洲的呵护和圈禁，在烈日狂风、极度干涸中坚忍地站立，形成传奇。一个个大大小小的"城池"，重绘了大西北的"城市布局"。

主题阅读

各式各样的风蚀地貌

风以其自身力量及所挟带的沙石对地表岩石、松散物的破坏形成风蚀作用，主要包括吹蚀作用和磨蚀作用。吹蚀是风将地表松散物质如粉砂级的黏土吹离原地的过程，磨蚀则是风携带的砂粒对地表岩石的冲击、摩擦使其破坏的作用。因此，干燥的土壤和地表上空相对稳定的风力是发生严重风蚀的主要条件，风蚀主要发生在干旱、半干旱气候区和遭受周期性干旱的湿润地区。

由风蚀作用形成的风蚀地貌主要有风蚀石窝、风蚀蘑菇、风蚀雅丹、风蚀城堡、风蚀垄岗、风蚀谷、风蚀洼地等。

在陡峭的迎风岩壁上风蚀形成的圆形或不规则椭圆形的小洞穴和凹坑称为风蚀石窝，其直径大多约20厘米，深为10—15厘米，有时集中分布，有时零星散布，使岩石表面具有蜂窝状的外貌，又称石格窗。它是由于岩石表面经风化（包括物理风化和化学风化）、吹蚀形成许多细小凹坑，又经风所携带的沙粒在凹坑内磨蚀形成的。大的石窝则称为风蚀壁龛。

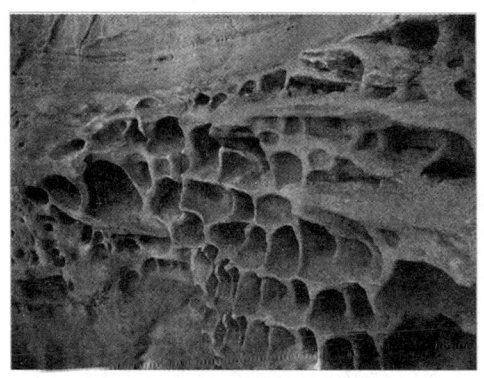

风蚀石窝和风蚀壁龛

孤立突起的岩石经风蚀作用而成的蘑菇状岩体称为风蚀蘑菇,又称石蘑菇、风蘑菇,多发生在垂直节理发育岩性不太坚硬的岩石中。由于近地表的岩石基部受风蚀作用强,顶部受风蚀作用弱,逐步形成上部大、下部小的蘑菇石。垂直节理发育岩性比较坚硬的岩石,在风蚀作用下形成孤立的柱状岩体,则称为风蚀柱。

风蚀蘑菇

风蚀雅丹是在河湖相土状堆积物地区发育的风蚀土墩和风蚀凹地相间的地貌形态。"雅丹"是中国维吾尔语,意为"陡峭的土丘",其发育过程是挟沙气流磨蚀地面,地面出现风蚀沟槽。磨蚀作用进一步发展,沟槽便扩展为风蚀洼地。洼地之间的地面相对高起,成为风蚀土墩。

风蚀雅丹

风蚀洼地是松散物质组成的地面经风蚀所形成椭圆形的成排分布的洼地,它向主风向伸展。单纯由风蚀作用造成的洼地多为小而浅的碟形洼地;一些大型风蚀洼地都是在流水侵蚀的基础上,再经风蚀改造而成。较深的风蚀洼地里,如果以后有地下水溢出或存储雨水便可成为干燥区的湖泊,中国呼伦贝尔沙地中的乌兰湖就是这样形成的。

风蚀谷

风蚀城堡

在干旱地区偶有暴雨,产生洪流冲刷地表,形成许多冲沟。风沿着冲沟长期吹蚀、改造,便形成加深扩大的风蚀谷。风蚀谷无一定形状,有的为狭长的壕沟,也有宽广的谷地或围场,底部不平,宽窄不均,沿着主风向延伸,长者达数十千米。

而风蚀城堡和风蚀垅岗则多见于岩性软硬不一的地层,一般发育在泥岩、砂岩地区。

西北遍布魔鬼城

这是一个杳无人烟却又热闹非凡的"城市":城墙高大,瞭望塔、垛口威严,街道纵横,屋舍鳞次栉比。当晴空万里、微风吹拂时,人们在城堡漫步,耳边能听到一阵阵从远处飘来的美妙乐曲,仿佛千万只风铃在随风摇动,又宛如千万根琴弦在轻弹。可是旋风一起,飞沙走石,天昏地暗,那美妙的乐曲顿时变成了各种怪叫,像驴叫、马嘶、虎啸,又像是身边婴儿的啼哭、女人的尖笑,接着狂风骤起,黑云压顶,鬼哭狼嚎,四处迷离……城堡被笼罩在一片蒙蒙的昏暗中。这里就是著名的"魔鬼城"。

当然,这并不是被人类遗弃或鬼神建造的"古城",而是干旱区一种特有的地貌景观。由于地形破碎、诡异,容易形成古城的心理暗示和废墟氛围,加上极易迷失,光影变化万千,风声凄厉,给人带来"鬼魅"的恐惧感。干旱区雅丹、丹霞、彩丘和风城等几种地貌都可能形成"魔鬼城",犹以风蚀雅丹类"魔鬼城"为最,成为寂寞荒原上的视觉盛宴。

在新疆的罗布泊、乌尔禾,在敦煌,在青海柴达木,在许多西北探险者的记载和讲述中,我们发现了越来越多的"魔鬼城"。

1. 布隆吉"魔鬼城",位于甘肃省酒泉市瓜州县布隆吉乡北3千米的疏勒河北岸,分布在甘新公路南侧东西长约9千米的狭长地段上。公路两侧到处是造型各异、犬牙交错的风蚀滩地,为典型的雅丹地貌奇观。其间夹杂着无数高低错落,形态奇特的土岗土丘,或如人头疙瘩、狮身人面,又如云朵、蘑菇,如烽燧排列,如千驼奔走,又似鬼域魔城。

布隆吉"魔鬼城"

2. 南八仙"魔鬼城",位于青海省的柴达木盆地,属最典型的雅丹地貌之一,茶(茶卡)冷(冷湖)公路、茫(茫崖)格(格尔木)公路穿越其间。这里远望是无边无际的盐碱矿,高高低低的小山丘,翩翩起舞;近看酷似百万座古城堡,像蒙古包林立,像蘑菇、圆柱、碉堡、麦垛,奇形怪状,千姿百态。

南八仙"魔鬼城"

3. 三垄沙"魔鬼城",位于甘肃省敦煌市西北约180千米处的戈壁荒漠中,是主要由风蚀作用形成的雅丹地貌景观。这里集中连片地分布着各种各样造型奇特的风蚀地貌,如"蒙古包""骆驼""石鸟""石人""石佛""石马"等,千姿百态,惟妙惟肖。夜幕降临之后,尖厉的劲风发出恐怖的啸叫,似千万只野兽在怒吼,令人毛骨悚然。

三垄沙"魔鬼城"

另外，新疆的奇台"魔鬼城"、乌尔禾"魔鬼城"、克孜尔"魔鬼城"、哈密"魔鬼城"都令人神往。其中，最有名也最具代表性的当数乌尔禾"魔鬼城"。

神秘的乌尔禾"魔鬼城"

乌尔禾"魔鬼城"位于准噶尔盆地西北边缘的佳木河下游乌尔禾矿区，西南距克拉玛依市100千米。当地蒙古人将此城称为"苏鲁木哈克"，哈萨克人称为"沙依坦克尔西"，意思均为"魔鬼出没的地方"。

这座城堡，似亭台楼阁，似城廊街道，似罗刹宝殿，各种景象，真可谓千姿百态，绚丽多彩，形成了一个梦幻般的迷宫世界，"布达拉宫""吴哥窟""罗马斗兽场""富士山""路南石林"等古今中外的名山胜迹应有尽有；"石猴观海""黄牛耕耘""雄师横卧""小猴摆尾""大鹏展翅"等各种各样的造景地貌琳琅满目，惟妙惟肖。置身"魔鬼城"，定能使你的形象思维得到最大限度的发挥。

关于"魔鬼城"，有一段神奇的传说。传说这里原来是一座雄伟的城堡，城堡里的男人英俊健壮，城堡里的女人美丽而善良，城堡里的人们勤于劳作，过着丰衣足食的无忧生活。然而，伴随着财富的聚积，邪恶逐渐占据了人们的心灵，他们开始变得沉湎于玩乐与酒色，为了争夺财富，城里到处充斥着尔虞我诈与流血打斗，每个人的面孔都变得狰狞恐怖。天神为了唤起人们的良知，化作一个衣衫褴褛的乞丐来到城堡。天神告诉人们，是邪恶使他从一个富人变成乞丐。然而他的话并没有奏效，反而遭到了城堡里的人们的辱骂和嘲讽。天神一怒之下把这里变成了废墟，城堡里所有的人都被压在废墟之下。每到夜晚，亡魂便在城堡内哀鸣，希望天神能听到他们忏悔的声音。

神奇的传说令人动容，但事实上，"魔鬼城"是在风和水的自然作用下形成的一种雅丹地貌。在地质历史时期，"魔鬼城"地区曾经是湖盆，经历了反反复复的水进水退，从而发育了上下叠加的泥岩层和沙土层。后来，盆地缓慢抬升，气候更趋于干旱，大片的湖积地层裸露地表。再后来，在洪流和强风的作用下，原来平坦的盆地被慢慢冲刷剥蚀。虽然风和流水可以带走疏松的沙土层，但对坚硬的泥岩层和石膏胶结层却作用有限。不过致密的泥岩层也并非坚不可摧，荒漠区变化剧烈的温差产生的胀缩效应导致泥岩层最终发生崩裂，暴露出来的沙土层被风和流水带走，演变为凹槽状；依然有泥岩层覆盖的部分相对稳固，形成或大或小的长条形土墩，这种奇特的地貌形态逐渐凸现出来。

这种地貌在我国干旱的西北及世界其他干旱地区都有分布，如青海柴达木盆地西北部、新疆疏勒河中下游和罗布泊周围以及非洲乍得盆地的特贝斯荒原、伊朗的卢特荒漠东南部等。

拓展提升

风蚀地貌是典型的外营力地貌，其实外营力地貌类型还有许多。

1. 流水地貌：由地表水流的侵蚀、搬运和堆积作用形成，包括流域地貌、斜坡地貌、沟谷地貌、河谷地貌、河床地貌、河漫滩地貌、冲积平原地貌、三角洲地貌以及峡谷地貌和瀑布。

2. 喀斯特地貌：可溶性岩石受流水溶蚀、侵蚀作用形成，包括地表喀斯特和地下喀斯特。

3. 黄土地貌：在黄土分布地区形成、发育的地貌，如黄土塬、黄土梁、黄土峁、黄土坪，以及形态各异的黄土柱、黄土塔、黄土桥、黄土陷穴。

4. 丹霞地貌：红色砂岩、砾岩经侵蚀和溶蚀形成，在我国分布很广。

5. 风沙地貌：由风力侵蚀、搬运和堆积作用形成，除前述风蚀地貌外，还有风积地貌（沙丘、沙垄、沙山等）。

6. 海岸地貌：由波浪、潮汐、海流、河流、冰川以及地壳构造运动、海面变化、生物作用形成，包括海岸堆积地貌（三角洲、海滩、潮滩、沙坝、沙嘴、潟湖和各种海岸沙丘等）和海岸侵蚀地貌（海蚀洞、海蚀崖、海蚀柱、海蚀平台以及海蚀阶地）。

思考：你所在地区有哪些外营力地貌？请举例说明。

延伸推荐

1.《我的探险笔记：雅丹魔鬼城》，彭绪洛著，长江少年儿童出版社2017年；关键词：雅丹地，魔鬼城，野外生存。

2.《中国国家地理》2009年第7期；关键词：西北，魔鬼城。

3.《塞北、西域》珍藏版，《中国国家地理》2007年第10期；关键词：沙漠，戈壁，风的景观。

十四　白云下面马儿跑

"蓝蓝的天上白云飘，白云下面马儿跑……"一首《草原上升起不落的太阳》，为人们展现了一幅内蒙古大草原壮美的图画：蓝天、白云、绿草、骏马，让人们对美丽的内蒙古大草原产生了无限向往。

由于内蒙古较新疆离海洋更近，年降水量较新疆多，从而造就了广阔无垠的内蒙古大草原，总面积约占全国国土面积的1/10，自东向西依次是著名的呼伦贝尔草原、科尔沁草原、锡林郭勒草原、乌兰察布草原以及鄂尔多斯半荒漠草原和阿拉善荒漠草原，是世界上温带草原种类最丰富、最为典型的地区之一。在草原环境下，又形成了独特的敖包、那达慕等草原文化风情。

主题阅读

"北国碧玉"呼伦贝尔

呼伦贝尔草原位于内蒙古自治区东北部的呼伦贝尔市，因其旁边有呼伦湖和贝尔湖而得名。呼伦贝尔草原是蒙古

呼伦贝尔草原

族的发源地，地域辽阔，风光旖旎，是世界三大草原之一，也是我国现存最丰美的优良牧场，因几乎没有受到任何污染，所以被人们誉为"绿色净土""北国碧玉"。

呼伦贝尔草原四季分明，被誉为"世界美丽的花园"。草原年平均温度0℃左右，无霜期85—155天，属于半干旱的温带大陆性气候，年降水量为250—350毫米，冬季寒冷干燥，夏季炎热多雨，年温差、日温差大。

一、牧草王国

呼伦贝尔草原是内蒙古草原风光最为绚丽的地方，拥有1亿多亩草场，2亿多亩森林，是世界著名的天然牧场，总面积近20万平方千米，天然草场面积占80%。这里地域辽阔，3000多条纵横交错的河流，500多个星罗棋布的湖泊，一直延伸至松涛激荡的大兴安岭。

呼伦贝尔大草原是我国当今保存完好的草原之一，拥有原生植被保存完好的草原生态系统。大草原上拥有种子植物635种，有碱草、针茅、苜蓿、冰草等20多种营养丰富的牧草，有"牧草王国"之称。另外，草原有药材428种，兽类35种，禽类241种，鱼类60余种。因此，呼伦贝尔草原又被誉为"生态动植物王国"。

呼伦贝尔大草原也是一片没有任何污染的绿色净土，出产肉、奶、皮、毛等畜产品，备受国内外消费者青睐，连牧草也大量出口东南亚。

二、呼伦和贝尔

呼伦湖和贝尔湖，是呼伦贝尔草原上数以百计的湖泊中最美丽的两个。呼伦湖是我国北方浩野千里中唯一的大泽，由于它的面积变化非常大，我们无法确切地说出呼伦湖到底有多大，但是这片广阔的水域蕴含着丰富的物产。据统计，这里有30多种鱼类，主要有鲢鱼、鲫鱼、鲤鱼等经济鱼类。每年的11月，当湖面冰封之时，便是呼伦湖上最繁忙的季节。此时的湖面被厚厚的坚冰封得严严实实，当地的渔民也穿得严严实实，在凛冽的寒风中，大家群策群力，破冰、捕鱼一气呵成。在呼伦湖水域，每年冬天的捕捞量占全年捕捞量的70%以上。

呼伦湖风光

由于呼伦湖附近生态环境优美，还吸引了大量的鸟类前来栖息。据初步统计，在这里栖息的鸟类多达241种，其中最著名的当属天鹅。因此，这里又被大家亲切地称作草原上的"天鹅湖"。除了天鹅，在这里栖息的还有我国最珍贵的鸟类——丹顶鹤。和天鹅一样，丹顶鹤每年夏天都会来到呼伦湖附近繁衍生息。这片水草丰美的大草原，便成为它们最重要的避难所。

三、民族文化

呼伦贝尔草原以其丰饶的自然资源孕育了中国北方诸多的游牧民族，被誉为"中国北方游牧民族成长的历史摇篮"。东胡、匈奴、鲜卑、室韦、契丹、西夏、蒙古等十几个游牧部族，或曾在此秣马厉兵，或曾在此征战、割据，创造了灿烂的游牧文化。目前，呼伦贝尔大地上聚居着30多个少数民族，各民族节庆独具特色，特别是鄂温克族的瑟宾节、鄂伦春族的篝火节、达斡尔族的鲁日给勒节、俄罗斯族的巴斯克节以及蒙古族的那达慕、祭敖包等少数民族节庆活动，以及众多的博物馆、展览馆，其内容丰富多彩，形式绚丽多姿，可以真正体验到民俗风情，享受到民俗文化大餐。

保护科尔沁

美丽富饶的科尔沁草原绵延千里、花香四溢、林茂粮丰、美景醉人，奔跑的马群、碧蓝的天空、成群的牛羊，成为这片草原上最美的点缀。

眼前的这幅如诗如画的美景，是科尔沁人民半个多世纪以来坚持不懈地用自己的勤劳和智慧绘就而来的。

一、从饱受风沙侵害到奋起治沙保卫家园

历史上的科尔沁草原曾是河川众多、水草丰茂之地，到20世纪中后期，受历史、人为、自然等因素影响，这里的生态环境遭到严重破坏，境内的西辽河、新开河、叫来河等相继断流，70多座中小型水库相继干涸，地下水位持续下降，草原不断退化、沙化，沙尘暴开始肆虐。昔日连绵不绝的莽莽草原，逐渐退变为茫茫沙海。

急剧恶化的生态让科尔沁人民饱受风沙之苦。民间对当地一年到头刮不完的风沙有一句形象的概括："一年刮两次，一次刮半年。"风打沙压，庄稼年年要重种；沙进人退，生态年年恶化。这是50多年前科尔沁大地上演的悲剧。

二、从沙进人退到人进沙退

面对恶劣的自然条件、脆弱的生态环境、贫穷落后的经济形势,通辽人民义无反顾地向荒沙宣战,掀起了防沙治沙、保卫家园的"大会战"。

一个个草方格压下去,一株株草木长起来,一群群牛羊进棚圈,一座座流动沙丘被遏止,肆虐的风沙没有了往日的猖狂……通辽人民几十年坚持造林绿化、防沙治沙、建设生态,终于让昔日的漫漫黄沙泛起了片片绿洲。

全国荒漠化和沙化监测数据显示,通辽市通过实施收缩转移战略,采取治沙造林、围封禁牧、搬迁转移人口、建设封禁保护区、防止水土流失等措施,使全市荒漠化、沙化土地面积逐年减少,已累计完成沙化土地治理面积2000多万亩,辖区内的科尔沁沙地在全国四大沙地中率先实现了治理速度大于沙化速度的良性逆转,实现了"人进沙退"的历史性转变。

通辽市依托"三北"防护林、退耕还林、公益林保护等国家重点生态工程项目,持续组织实施了"收缩转移战略""5820"工程、"双百万亩"工程和科尔沁沙地"双千亩"综合治理工程。通过实行大工程带动大发展战略,加大防沙治沙力度,加快防沙治沙步伐。截至"十二五"末,全市森林覆盖率达到了28%,"村在林中、道在绿中、房在园中、人在景中"是科尔沁人民的生活写照。

三、从人沙斗争到人沙和谐

过去,人们只知道肆意践踏生态环境,滥伐森林、超载放牧、过度开垦;如今,人们吸取了教训,懂得了尊重自然、顺应规律、保护自然,学会了对黄沙的合理开发利用,变害为宝。

库伦旗的银沙湾旅游景区便是人与沙和谐相处的典范。塔敏查干沙漠是东北地区最大的沙漠带,素有"八百里瀚海"之称,在库伦旗境内东西绵延100多千米,面积150万亩。库伦人依托这一资源开展了银沙湾旅游景区开发推进工作,形成了当地特有的沙漠、水域、草原等自然环境相结合的生态景区,同时提高了当地的人均收入。

从"沙进人退"到"人沙和谐",千里草原恢复了它的底色,草原人民在这里安居乐业。

敖包相会在草原

敖包是蒙古民族文化的代表形式之一,一首民歌《敖包相会》更使敖包文化红透大江南北。

在无际的草原上，时时会看到用大小石块垒起来的巨大的石堆，上插有柳枝，此谓神树，神树上插有五颜六色的神幡。巨大的石堆矗立在草原上，鲜艳的神幡如手臂般召唤着远方的牧人，这就是敖包。

敖包，又称"鄂博""脑包""堆子""石堆""鼓包"，指的是在自己游牧的区域内，选择一个幽静的地方，用石头堆起的圆形堆。《中华全国风俗志》云："鄂博随在皆有……其形圆，其顶尖，颠立方角蒙经旗，其上下则埋哈达一方，粮食五种，银数钱。"敖包在蒙古牧人看来是神圣之所在。祭敖包是蒙古民族萨满教隆重的祭祀之一。

其实，敖包是蒙古语音译，意为"堆子"，是蒙古族的重要祭祀物体。在古代，蒙古人把一切万物都看作神灵来崇拜，从而也崇拜山川及大地的其他各部分或掌管这些部分的神灵。这种圣地可以分成共同的和个别的两类，个别的圣地就是敖包，这种圣地也是各家族在自己的领地建起来的假山。蒙古族祭祀敖包并崇拜有加，大概缘于古代的祭圣山。祭圣山又与成吉思汗时代不无关系。据古书记载，成吉思汗在早期被蔑尔乞特人追赶时，藏在不儿罕山里，蔑儿乞惕人绕山三圈没有抓住成吉思汗。

蔑儿乞惕人远去，成吉思汗下山后说，不儿罕山掩护了我，保住了我的性命，我将每天祭祀。元代忽必烈曾制典，封建皇帝与蒙古诸王，要求每年必须致祭名山大川。由于有的地方没有山或离山较远，群众就"垒石像山，视之为神"。这种山只是"像山"，不是自然的山，是人用石头或土堆起来，所以蒙古语称"敖包"。

敖包的建立和祭祀，在古代比较简单。由萨满宣布，所谓的村落保护神选择某一座山或丘陵，作为自己的所在地。人们就在这个地方用土或石头建成堆子，举行若干圣化仪式，就算建成了敖包。这是一种土殿堂，每年一定时期，附近居民到这里来祭祀地方神，祈祷牲畜发展，人丁兴旺。礼毕，人们围坐在一起，喝马奶酒、吃羊肉、奶食等，并举行赛马、射箭、摔跤等三项文体活动。

建敖包的地方多选择明快、雄伟且水草丰美的高山丘陵。敖包均有名称，其名大部分以所在山名或地名定。敖包多设于山丘之上或水泉边，多数用石块堆成，一般呈圆形，顶端围有柳条圈。在蒙古族心目中，敖包象征山神，外出远行，遇敖包必下马参拜，祈祷平安，并随手拣石添上。

每年农历五月，绿草遍野，燕子北

归，本旗蒙古族就开始祭敖包活动。牧民从四面八方云集于敖包下，用松柏、红柳、五彩花卉将敖包装饰起来，在敖包前摆设奶食品、"阿木苏"、糕点等供品，正面桌上摆放全羊。祭奠仪式由深孚众望的长者主持，主持人亲自向敖包焚香、敬酒、献哈达，唱祭歌，并请喇嘛念太平经。此时，前来祭祀的人们跪伏于地，三拜九叩，默祷"山神保佑风调雨顺，五畜兴旺，无灾无病，万事吉利"。

祭奠仪式完毕，主持人将供品分送大家享用。同时开始游戏，主要项目为"男子三技"：摔跤、射箭、赛马。随着社会的发展和蒙古族人民物质文化生活水平的不断提高，祭敖包的内容也更加丰富多彩。活动期间，老年人要取出圣水给畜群洒注；青年男女往往借此溜出，登山游玩，相互追逐，谈情说爱。

拓展提升

广袤的草原上从来就不乏悠扬的歌声，而长调与呼麦便是草原上最为神奇的歌声。

长调是蒙古族千百年来流传下来的一种独特的唱法，它不受节拍与旋律的局限，时而低沉悠扬，时而高亢嘹亮。长调的内容以自然为主，主要歌颂的是草原、骏马、蓝天、白云、河流、湖泊等与牧民们息息相关的事物。同时，长调也是牧民们放牧时抒发感情的一种方式，每到婚丧嫁娶或是节庆典礼，蒙古族人都会用长调来表达自己的感情。

呼麦的神奇在于它可以由一个人同时发出两个声部，这种唱法的难度极高，练习的人极少，这使得它在内蒙古一度失传，后经内蒙古的艺术工作者前往蒙古国学习才又得以壮大。2006年，呼麦经国务院批准，列入第一批国家级非物质文化遗产名录。

思考：长调和呼麦的出现于内蒙古的地理环境有什么联系？你还知道内蒙古草原上的哪些传统民俗？请简要说明。

延伸推荐

1.《美丽内蒙古》，朱祖希主编，蓝天出版社2015年；关键词：内蒙古，地理科普。

2.《闻名世界的辽阔草原》，《探索发现》丛书编委会编，四川科技出版社2013年；关键词：草原，景物，资源。

3.《内蒙古专辑》，《中国国家地理》2012年第10期；关键词：草原，景观，科尔沁，呼伦贝尔。

十五　新疆的命脉——水

水制约着新疆的发展。只要是有水的地方，哪怕是一条短浅的小河、一汪拳头大小的泉涌、一个脸盆大小的湖泊，甚至是一坑雨水洪水积聚后清澈透明、印着蓝天白云的水洼，在它的周围一定都会有人居住，都会有村庄活动，都会有能把稀少的水源用至最高极限、用出最大效率的农林牧系统产业。

史前时代的新疆其实并不缺水。然而，岁月流逝、星斗转移，新疆在荒凉的时光里走向了残酷，气候异常，风沙肆虐，人烟稀少。在严酷环境下生存下来的人类，在河流干涸、绿色减少、沙漠包围的恶劣条件下，被迫聚集于几片可怜的绿洲之上。

清凉的淡水，成为新疆人对生活的依赖。水的一切，溶解到新疆人生命的呼唤中；所有的水，都将成为一份带着阳光心态的感恩。

拓展提升

绿洲的生命线

新疆是我国冰川规模最大和冰储量最多的地区。新疆北部的阿尔泰山、中部的天山、南部的昆仑山和西南的帕米尔高原、喀喇昆仑山都发育有丰富的冰川。如果以面积论，新疆冰川面积约占全国冰川总面积的43%，冰川融水约占河流径流量的24%，而占全国总量48%的冰储量更是在各省区中排名第一。

天山山系是亚洲中部最大的山系，西起乌兹别克斯坦，取道哈萨克斯坦和吉尔吉斯斯坦进入我国新疆，东西全长超过2500千米。天山在我国境内的一段通常被称为东天山，从中吉边界的帕米尔高原延伸至哈密以东的星星峡戈壁，大约1700千米，共有冰川9035条，冰川总面积9225平方千米。天山的冰川与欧洲高加索山以及西藏东南部念青唐古拉山补给丰富、消融强烈、冰温达到0℃且运动速度很快的冰川不同，天山的冰川深居欧亚大陆腹地，冰川上降雪量稀少，消融不多，冰温远在0℃以下，雪变成冰的速度很快。

天山冰川的冰储量非常巨大，共有1011立方千米，仅次于昆仑山，是中国

天山

冰储量第二大的冰川。其每年平均融水量为96.3亿立方米,占源于天山的各河流总径流的16%。这些分布在高山上的"固体水库"不但为天山南北山麓的片片绿洲提供了丰富而稳定的水源,而且融水量还会随气候变化而每年不同:在干旱少雨年融化量增大,湿润多雨年则融化量减少,对河流径流以及流域内的植被、气候都起到了调节的作用。冰川与绿洲这对大自然的双胞胎在天山南北的完美组合,使天山脚下的丝绸之路千年不变,成为祖居此地的各民族经济和文明兴盛的命脉。

天山冰川不但数量庞大、储量丰足,而且类型也繁多,从面积不足1平方千米的悬冰川、冰斗冰川,到面积达数十平方千米的大型山谷冰川,不一而足。在天山最东段的哈尔里克山的山顶夷平面上发育的是平顶冰川,它像维吾尔族老人头顶的白色毡帽;天山中段博格达峰下有一条大的山麓冰川,极像哈萨克族姑娘的美丽围裙;在乌鲁木齐河源的天格尔峰顶上瞭望,四周是星罗棋布的悬冰川、冰斗冰川,像朵朵白云飘散在群山之巅;在玛纳斯河的源头有一条条白色巨龙般的山谷冰川……

此外,在天山大大小小的冰川中,各种冰川景观也都发育良好:从宽阔的粒雪盆到布满裂隙的冰流,再到覆盖着厚厚碎石泥土的冰舌;冰川源头高峻的金字塔状的角峰和刀刃一样的山脊;冰川两侧由古代冰川形成的堤岸般的侧碛；它的舌头有时横躺在绿茵茵的花草盛开的高山草原上，有时又冲进茂密的原始森林中；从它的嘴里，在幽深的冰洞中，又喷射出有时乳白有时灰黑的湍急水流。置身这座璀璨的冰川王国中，欣赏艳美而壮丽的冰雪风光，总能激发出人们对大自然的崇敬。

这条横贯亚洲大陆腹地的天山山系，以其高耸的山势和丰沛的降水，为冰川发育提供了优越条件，而纵横其间的冰川又使天山成为名副其实的塔里木绿洲生命之源。

（作者：谢自楚；选自《中国国家地理》2011年第1期）

有头无尾的河流

沙漠地区是我国内流河集中分布的地方，数量很多，据初步统计共有大小内流河447条，径流量800多亿立方米，占沙漠地区河流总流量的60%。因此，内流河水是我国沙漠地区可利用的主要地表水资源。

因地形、气候等多种自然条件的影响，我国沙漠地区的内流河具有以下典型特点：

一、多数河流有头无尾

发源于西北山区的内流河，流出山口后，由于山麓平原和沙漠地区降水稀少，蒸发旺盛，加之地面坡降平缓，地表组成物质为沙砾，渗透性很强，不利于径流的形成。因此，河流出山口后，一般都没有支流汇入，河系成单线状，水量因沿途大量蒸发和渗漏而逐渐减少。只有一些大型内流河可以穿行较长

塔里木河

的沙漠地段，下游尾水在一些低洼处积成内陆湖泊，如塔里木河汇注罗布泊洼地，玛纳斯河归宿于玛纳斯湖等。而大多数中小河流，一出山口不远即消失在山前平原或沙漠之中。所以，它们只有河源而没有河口，成为典型的有头无尾河。

二、河流数目多而流量小

西北沙漠地区的河流因出山口后水量逐渐散失，又无补给水来源，所以中小河流不可能汇集成较大水系，而是各自分散成为独立水系，各自消失于山前平原和沙漠之中。所以，沙漠地区内流河的一个重要特点就是水量小、长度短，水量相应集中在少数大型内流河中。据统计，西北沙漠地区共有内流河428条，其中水量超过10亿立方米的大型内流河只有15条，占内流河总数的3.5%，却集中了一半以上的水量；1亿立方米以上的内流河有110条，占内流河总数的25.7%，而水量竟占总径流量的87%；其余300多条内流河，径流量只占13%，平均每条河流的水量只有0.3亿立方米左右。

由于多数河流流出山口以后水量很快在沙漠边缘散失，所以在沙漠内部必然会出现大面积的无流区。例如，塔里木盆地中的塔克拉玛干沙漠，只有和田河、叶尔羌河和克里雅河等少数河流能伸入沙漠。

三、河流含沙量大并经常改道

西北沙漠地区河流多发源于山区，

塔里木河古河道

在高山带的冰川和融雪水的强烈侵蚀下,给河流带来了许多泥沙,尤其是流经干旱的低山带时,因地面植被覆盖极为稀疏,冲刷作用更强,会带来更多泥沙。当挟带有大量泥沙的滚滚洪水流到山前平原和沙漠后,由于地形平坦,流速减慢,河水中的泥沙就迅速沉积,河床很快淤高;加之风沙的阻塞,水量又大,河水常常冲破自然堤而改变它的流路,形成新的河道。新河道经过多年淤积,又会高出两岸地区,遇到下一次洪水,必然再行改道。这种河床游荡不定,河道经常迁徙的现象,在沙漠地区来说是屡见不鲜的。塔里木河就是这样一条著名的游荡性河流,特别是中游河段。由于河流的不断迁移改道,在现在河道的南北遗留下多条古河床,河间地大部分被沙丘覆盖,古河床的很多地段也被风沙填塞,痕迹莫辨。

地下万里长城——坎儿井

新疆坎儿井素有"地下万里长城"之称,主要分布在吐鲁番和哈密等地区,是新疆最古老的地下取水方式之一,这项具有2000多年历史的地下水利工程被称作当地人的生命之源。

据史料记载,新疆的坎儿井总长曾达到5000多千米,与万里长城、京杭大运河并列为中国古代三项杰出工程。鉴于坎儿井是古代水利工程,也有人把新疆的坎儿井与广西的灵渠、四川的都江堰并列为中国古代三大水利工程。

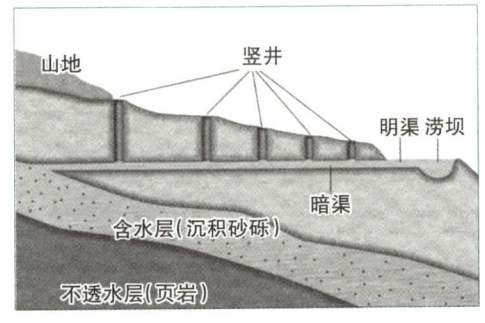

坎儿井结构示意图

坎儿井在维吾尔语中是"地下水道"之意,其原理是根据吐鲁番盆地地理条件及水量蒸发特点,利用地面坡度引用地下水灌溉农田,具体操作是从盆地有地下水溢出的地方开始向上游水平掏挖,延伸到蓄水层,蓄水层中的地下水不断渗入暗渠并沿渠流出。

坎儿井暗渠

坎儿井大致由竖井、暗渠、明渠、涝坝四部分组成。竖井,主要是为挖暗渠和维修时人出入用的,一般竖井口长

吐鲁番盆地上的坎儿井

1米，宽0.7米。暗渠是坎儿井的主体，高约1.6米，宽约0.7米。明渠，就是暗渠出水口至农田之间的水渠。涝坝，就是暗渠出水口，在此处修建一个蓄水池，积蓄一定水量，然后用于灌溉农田。

水乃生命之源，有"火洲"之称的吐鲁番更是滴水如油，全年降水量只有16毫米，而年蒸发量却有3000毫米之上。当天山上的冰雪融水流经此处，顷刻就会消失在戈壁沙漠之中，哪还能生活饮用和灌溉庄稼。而创造发明出来的坎儿井非常巧妙地解决了这一问题，把地下水通过井渠串通，既有效地防止了水分的蒸发，又能将农田灌溉，着实是一个伟大的创举。

修建坎儿井完全是镐凿、臂挖、肩扛的纯人力施工，且工作断面非常狭小，难以想象在古代，那些修造坎儿井的人们是怎样匍匐在地下一捧土一捧土地掘进在戈壁的井里，难怪在新疆自古以来就对修建坎儿井的工匠万分尊敬。这样的生命之渠千百年来滋润着新疆这块土地，堪称新疆的生命河。

如今的坎儿井依然发挥着不可替代的作用，看一个一个坎儿井的地下工程，除了叹为观止，更多的还是被这些来自民间生活的发明折服。

据资料记载，50多年前，新疆坎儿井的数量达1780多条，年出水量近7亿立方米，灌溉面积达36万亩。但随着地下水补给量逐年减少，加上过度的地下水开采，使水位下降，导致坎儿井逐渐干涸。据悉,自20世纪60年代以来,新疆坎儿井呈现急剧衰减的态势,平均每年减少20多条。

拓展提升

近年来,新疆"红色产业"发展红红火火蓬蓬勃勃,"红色产业"是该地区红色农产品及其加工产业的统称,红花、番茄、枸杞是该地区"红色产业"的三大支柱,其中番茄酱是重要出口创汇产品。

番茄红:经过几十年的发展,新疆已经成为世界三大加工番茄产区之一,也是世界第一大番茄酱出口区。新疆番茄制品的产销量占全国的90%以上,产品包括番茄酱、番茄丁、番茄粉、番茄汁、番茄沙司、去皮番茄、番茄红素、番茄籽油等。

枸杞红:新疆枸杞个头比较大,籽少肉厚,含糖量高,口感较甜,自然晾晒,营养价值高。另外,新疆枸杞以博尔塔拉自治州产量最高,并且质量好。

红花红:中国作为油料用途的红花80%都在新疆塔城地区的裕民县,这里被称作"中国无刺红花之乡"。裕民县独特的自然环境,使其成为全国品质最优、规模最大的红花种植基地。

大枣红:新疆红枣为新疆特有地理产品,可分为喀什大枣、阿克苏枣、哈密枣、和田枣、若羌枣五种。喀什和阿克苏枣品种多,营养价值较高;和田枣个大肉厚,很甜;若羌枣个小,但味道更清甜;哈密枣补血效果好。

另外,新疆还有石榴、苹果、辣椒、玫瑰花等产量高、质量好,享誉国际市场,成为重要的出口产品。

思考:新疆的红色作物为什么品种多、产量高、质量好?(请从新疆的地理位置和气候环境等方面进行分析)

延伸推荐

1.《美丽新疆》,董恒年主编,蓝天出版社2015年;关键词:新疆,概况,自然奇观,文明奇迹。

2.《新疆的七个季节》,李敬阳著,清华大学出版社2017年;关键词:新疆,地理奇观,文化背景。

3.《新疆:黄金腹地》,卢一萍编著,中国旅游出版社2014年;关键词:新疆美景,民俗民风,传说与故事。

4.《新疆行》,林鹏侠著,中国青年出版社2012年;关键词:新疆,人文地理。

十六　离天最近的地方

放眼世界，能与青藏高原相媲美的壮阔奇景并非没有，但又有哪一处风景敢与立在世界屋脊之巅的神山圣水相比高？这里是地球上最接近天空的地方，这里有丈量地球高度的唯一标杆，这里还有无数的山水美景供世人朝拜。

世界上海拔最高的山脉喜马拉雅山，晶莹圣洁的珠穆朗玛峰，世界上最深的峡谷雅鲁藏布大峡谷，总与美丽传说相伴的冈仁波齐峰、南迦巴瓦峰，明净澄澈如珠玉般的玛旁雍错、羊卓雍错，冰雕玉琢的绒布冰川、米堆冰川……从雄浑壮丽的山河湖泊到丰富新奇的高原生态，这里的每一片土地都闪耀着迷人的光辉。

主题阅读

地球最后的秘境

号称"世界屋脊"的青藏高原拥有两项世界之最，一项是世界最高山峰——珠穆朗玛峰，另一项是世界最深的河流峡谷——雅鲁藏布大峡谷。第一高峰与第一深谷遥遥相对，在地平线上下构成两道雄伟瑰丽的绝景奇观。如今，珠穆朗玛峰被踩在脚下，人类已到达离天最近的地球之巅，却始终未能将足迹踏遍低于地平线的雅鲁藏布大峡谷。

雅鲁藏布大峡谷

一、秀甲天下的大峡谷

雅鲁藏布江的河床平均海拔在3000米以上，是世界上最高的大河。它的下游围绕南迦巴瓦峰形成一个奇特的马蹄形大拐弯，在青藏高原上切割出一条长504千米的巨大峡谷。该峡谷北起米林县大渡卡村,南到墨脱县巴昔卡村,全长504.6千米,平均深度2268米,最深处达6009米,平均海拔在3000米以上,是世界上最深的大峡谷。

雅鲁藏布江大峡谷是在南侧印度洋板块北上向亚欧板块俯冲碰撞和东侧又受到太平洋板块抵制的情况下,沿三大板块之间的地缝合线构造而发育的。这片神秘的领地因地形复杂、风光奇绝、植物繁茂、资源丰富而秀甲天下,人们通常用"高、壮、深、润、幽、长、险、低、奇、秀"十个字来概括它的壮丽景观。从低谷到高天,从雪峰到林海,从江水到怪岩,从珍禽到植被,这里的每一处景观都令人惊叹,每一种生灵都鲜活多姿。大峡谷里有巍峨高耸的南迦巴瓦峰和加拉白垒峰,峰顶处冰川悬垂、云雾缭绕;有奔腾咆哮的雅鲁藏布江,江水湍急,江面宽阔,周边景色奇丽而壮观;有海拔仅为155米的巴昔卡,深谷幽壑难见人迹;有改变河流、奇绝陡险的"U"形大拐弯……总而言之,雅鲁藏布大峡谷是我国西南境内风水绝佳之地。

从自然环境来看,雅鲁藏布大峡谷南侧的喜马拉雅山北坡,由上而下发育并分布着高山冰雪带、高山灌丛草甸带、常绿阔叶林带、热带季风雨林带等九大垂直自然带,这让它成为世界上山地垂直自然带最齐全丰富的地方,同时

雅鲁藏布江"U"形大拐弯

也成为动物与植物的美好乐园。据了解，大峡谷里生存着青藏高原上已知高等植物种类的2/3、已知哺乳动物的1/2、已知昆虫动物的4/5以及中国已知大型真菌的3/5。作为西藏生物资源最丰富的地方，此地仅维管束植物即多达3500余种，其中有利用价值的经济植物不下1000种，各类植物花卉异彩纷呈，仅高山杜鹃就有154种，比例占世界上600多种杜鹃的26%。一些备受许多国家重点保护的珍稀动物更是不计其数，如石貂、云豹、雪豹、小熊猫、马麝、黑熊、长尾叶猴、棕颈犀鸟、红胸角雉、眼镜王蛇、蓝喉太阳鸟、黑颈鹤等。所以，人们也称雅鲁藏布大峡谷是"植被类型的天然博物馆""山地生物资源的基因库"。

众所周知，中国排名第一的河流是长江，雅鲁藏布江虽然排名第五，但它蕴藏的水力资源却仅次于长江，居全国第二位，而且这条江水在"U"形大拐弯附近的单位面积水能蕴藏量一直高居世界之冠。尤为值得一提的是：1998年，我国科考队员们从西兴拉往下至帕隆藏布江入口一带20多千米的河段里发现了四大瀑布群，分别命名为绒扎瀑布群、秋古都龙瀑布群、藏布巴东Ⅰ号和Ⅱ号瀑布群。藏布巴东Ⅰ号和Ⅱ号瀑布群最为有名，这两大瀑布是雅鲁藏布大峡谷中最大的河床瀑布，仅仅相隔600米左右。Ⅰ号瀑布高35米，宽62米，中间有块巨石，瀑布下坠时在此处分为两股直飞而落，激起高达100多米的水雾。雅鲁藏布江流经此处时形成一处"S"形锐角拐弯，江水顺流而下，大约行至600米以后出现了Ⅱ号瀑布。Ⅱ号瀑布高35米，宽35米，与前者相比，虽然它比较窄，但流速却很急。这就致使瀑布下跌时拍击石壁水鸣如雷，激得底部深潭处水花激烈翻腾，突突鼓涌如沸腾的牛奶。

像是特意保护这座资源丰富的天然宝库，雅鲁藏布大峡谷从不肯轻易向世人展示全貌，那无数丰富而美妙的自然资源，就长年留守在这片神奇的土地上，生生不息，永世流传。

二、巨大的水汽通道

除了拥有名列世界之首的长度与深度，再加上"U"形大拐弯之奇观外，雅鲁藏布大峡谷还是一条连通青藏高原的巨大水汽通道。摊开地图，可以看到顺着布拉马普特拉河—雅鲁藏布江方向，有一条绿色长廊一直向东南方向延伸，雅鲁藏布大峡谷就是这条长廊的重要组成部分。它面向孟加拉湾和印度洋，为来自印度洋的暖湿气流提供了一条天然通道。这条天然通道带来庞大的暖湿气流，让雅鲁藏布江再获多项殊荣：此地形成年降水量达4500—10070毫米的世界第一大降水带，拥有世界上最丰富的水能资源；成功发育了多条海洋性冰川；使热带气候带在青藏高原东南地区向北推移了5个纬度；缩小南北自然带的明显差异，使许多热带动物与植物的分布区域向北推移；为许多古生物物种提供了安全庇护，使这些濒临绝种的古生物得以生息繁衍；促进了喜马拉雅山脉南北生物的混合与交流；等等。

就像打开了一扇通往无边美色的天堂之门，雅鲁藏布大峡谷的奇妙景色永远发掘不尽，即便我国几次派出科考队深入其中，至今也有许多地区无人涉足。因为这莫测的神秘与美丽，人们遂将雅鲁藏布大峡谷称为"地球最后的秘境"，至于它究竟埋藏了多少未知的秘密与壮丽的景观，还待后人踏入秘境继续探寻。

神灵眷顾的土地

这片神奇的土地从来不缺少神灵的眷顾，尤其是那大大小小的高山雪峰，如传承神谕的英武神灵常年守护在此。西藏赫赫有名的神山有南迦巴瓦峰、念青唐古拉山等几十座，几乎每一座巍峨的山峰都至少伴有一个美丽的传说。

南迦巴瓦峰

一、云中的天堂——南迦巴瓦

因印度板块和亚欧板块碰撞而隆起的喜马拉雅山脉呈东西向延伸，中部向南略呈"弓"形凸出，其东西两端分别耸立着海拔8125米的南迦—帕尔巴特峰和海拔7782米的南迦巴瓦峰。这两座山峰像两颗巨大的"钉子"，将喜马拉雅山脉挂在了青藏高原的南端，也将亚欧板块紧紧地"钉"在了印度板块之上。

位于西藏境内的南迦巴瓦峰海拔7782米，名列世界第15高峰。"南迦巴瓦"一词的藏语意思是"直刺天空的长矛"，巨大的三角形峰体终年积雪，峰顶直插云霄，云雾缭绕，被当地人视为"神山"。南迦巴瓦地区高峰耸峙、峡谷深切，其山麓由世界上最深的峡谷——雅鲁藏布江大峡谷围绕，地形的平均切削深度达5000米，是世界上地形起伏最急剧的地方。

由于谷底与峰顶高差极大，因此这里的气候及植被垂直分布极为明显，几乎包括了从热带到寒带的全部自然带。从海拔数百米的山谷，到海拔4000米的山坡，依次排列着低山热带雨林带、山地亚热带常绿阔叶林带、山坡暖温带针叶林带、寒带暗针叶林带，在4000米以上即进入寒带灌丛草甸带，4700米以上便是永久冰雪带。丰富的山地生态系统中，发育、繁衍着复杂而丰富的植被类型和动、植物区系。

南迦巴瓦峰有三条山脊：东北山脊、南山脊和西北山脊。东北山脊长约30千米，直抵雅鲁藏布江岸，脊线上有6座6000米以上的山头突起；南山脊2000米高度处有一座海拔为7043米的乃彭峰，沿着乃彭峰又分别向东南、西南延伸出两条"人"字形山脊；西北山脊线上有两座7000米上下的高大雪峰，因为气候、降水与冰川地质作用，雪峰中的坡谷沟壑间遍布着数条晶莹夺目的巨大冰川，就像一条条"寒龙"的肋骨。

二、世间护法神——念青唐古拉

念青唐古拉山位于拉萨以北100千米处，海拔7162米，终年白雪皑皑、云雾缭绕，像是蒙着一层面纱的勇武将军。与西藏许多神山一样，这位高大雪峰也有一位守护神，名字叫唐拉雅秀或雅秀念。

念青唐古拉山属于断块山，横亘于西藏中东部，东西长约1400千米，为冈底斯山向东的延伸。它东起昌都地区，东南延伸与横断山脉伯舒拉岭相接，西至阿里地区狮泉河，南界印度河上源噶尔藏布及雅鲁藏布江谷地，将西藏划分为藏北、藏南和藏东南三大区域，同时也是藏区外河流与内河流的分界线。

念青唐古拉山

在第三纪末和第四纪，受燕山运动影响，念青唐古拉山地区受东西向的怒江断裂带和雅鲁藏布江断裂带的控制挤压断裂褶皱，断续而强烈地上升，形成了海拔平均6000米以上的高大山系。其西段为断块山，南侧为一断裂凹陷，故南侧地势陡峭，相对高差达2000米左右；北侧山势较缓和，相对高差1000米左右。念青唐古拉山脉分布着青藏高原东南部最大的冰川区，冰川面积达7536平方千米，且多是以山谷冰川为主的现代冰川。北坡主要以横向的山谷冰川和悬冰川为主，南北两侧的峡谷中横卧着两条冰川，直泻而下，冰陡墙和明暗裂缝密布，既险恶又壮观。

念青唐古拉山地处大陆腹地，高大的山脉阻挡了西北的寒流和印度洋暖流的进入，形成了半干旱大陆性气候。该地区年降水量为300—400毫米，每年的5月中旬至9月中旬是雨季，这段时间的降水占全年降水量的80%—90%。雨季天气变化无常，一天中常常出现阵雨、闪电、雷暴、冰雹等天气现象。

天堂的"错"

在西藏，能与雪峰争辉的唯有晶莹的湖水。造物主极为公平，从不偏袒任何一方，左手将高昂的雪峰赐予了这片土地，右手同时将温婉的湖水缤纷洒落。

一、纳木错

纳木错位于西藏拉萨当雄县与那曲

十六 离天最近的地方

纳木错

地区班戈县之间、念青唐古拉山脉的北麓，湖面海拔4718米，湖泊近似楔形，长78千米，宽50千米，总面积1920多平方千米。它是世界上海拔最高的咸水湖，也是我国第二大咸水湖。终年积雪的念青唐古拉山和一望无际的广阔草原，就在纳木错周围展开，念青唐古拉的冰雪融水，是纳木错湖泊水体的主要来源。

纳木错形成于距今200万年以前。当时，由于地壳的剧烈运动，青藏高原大幅隆起，岩层受到挤压，有的褶皱隆起，成为高山，有的凹陷断裂，成为谷地。纳木错就是在地壳凹陷断裂的基础上，加上冰川活动的影响而形成的。藏语"纳木错"的汉语意思是"天湖"，它就像一颗晶莹的宝石，镶嵌在这万里羌塘草原上。在藏族人们的心目中，它就是一个有生命的圣湖。

二、玛旁雍错

玛旁雍错是世界上海拔最高的淡水湖。它位于"神山"冈仁波齐峰以南、纳木那尼雪山的北侧，海拔4588米，湖面积412平方千米，湖水最深处达70多米。"玛旁雍错"也叫"玛法

玛旁雍错

雍错"，藏语意思为"不可战胜的碧玉之湖"。起因是11世纪在湖畔进行的一场宗教大战，结果藏传佛教噶举派大胜，"玛旁"就是纪念佛教的胜利，此湖因而得名。

宁静、清澈、浩瀚的玛旁雍错，是世界上多个宗教认定的圣湖。每年夏季，许多来自印度、尼泊尔与西藏境内的朝拜者，都会不远千里来到玛旁雍错转经洗浴，并将圣湖之水带回家中。

玛旁雍错的湖水，整年地清澈、不浑浊。在玛旁雍错的四面有4个水源：东面的马泉河，北面的狮泉河，西面的象泉圣湖玛旁雍错河，南面的孔雀河，这4条河分别是雅鲁藏布江、印度河、萨特莱杰河和恒河的源头。

三、羊卓雍错

羊卓雍错位于西藏山南地区浪卡子县和贡嘎县之间，距离拉萨不到100千米，它与纳木错、玛旁雍错并称为"西藏三大圣湖"。

羊卓雍错与雅鲁藏布江只有一山之隔，最近处仅宽6千米，但两者的水位高度差竟达800余米。因此，这里的水力资源非常适于利用。世界上海拔最高的抽水蓄能电站——羊湖电站就坐落在这个美丽的地方。

羊卓雍错

羊卓雍错海拔4441米，湖水面积678平方千米。它原本是一个与雅鲁藏布江相通的外流湖，但大约在150万年前，在白地以西20千米处的羊舍附近暴发了巨大的泥石流，堵塞了墨曲河上游河谷，迫使羊卓雍错变成了内流湖。羊卓雍错的发育受到断陷构造的控制，湖水平均深30—40米，最深处在东南部，达59米。

羊卓雍错简称羊湖，在藏语中，"羊"指"上面"，"卓"指"牧区"，"雍"指"碧玉"，"错"指"湖"，"羊卓雍错"四个字连起来是指"上面牧区的碧玉湖"。因为羊卓雍错湖泊形状很不规则，湖岸曲折，多湖汊岬湾，如同美丽的珊瑚枝，所以它又被称为"上面的珊瑚湖"。羊卓雍错风景秀丽，美妙的湖光映衬着周围的群山，置身此地恍入人间仙境。这一带是集高原湖泊、雪山、岛屿、牧场、温泉、野生动植物、寺庙等多种景观为一体的、独特的自然风景区。湖中分布着大大小小21处岛屿，最大的岛屿面积约8平方千米，最小的岛屿约3000平方米。各种水鸟栖息此地，如黄鸭、天鹅、鹭鸶、沙鸥等，它们成群结队地翩翩飞舞，此起彼落，蔚为壮观。

拓展提升

青海湖，古称"西海"，又称"鲜水"或"鲜海"，藏语称"错温波"，意为"青色的海""蓝色的海洋"。自古以来，人们为它的浩瀚、神奇而向往，为它的雄伟、秀丽而称赞，把它誉为青海高原上的一颗灿烂明珠。

青海湖湖面海拔3196米，湖最深处达32.8米，它的周长360千米，面积达4583平方千米，湖区有大小河流近30条，是我国最大的内陆咸水湖。它的形成是距今4000万年前，印度板块和欧亚板块的碰撞挤压，喜马拉雅海上升为陆地的结果。青海湖区四周有日月山、大通山和青海南山等山脉。青海湖水源则来自四周高山冰雪融水，无污染。

青海湖以盛产湟鱼而闻名，鱼类资源十分丰富，是我国西北地区最大的天然鱼库。4—5月，鱼群逆流游向附近河流产卵，布哈河口密密麻麻的鱼群铺盖水面，使湖水呈现黄色，鱼儿游动有声，翻腾跳跃，异常壮观。这里产的冰鱼较为著名。每到冬季，青海湖冰封后，人们在冰面钻孔捕鱼，水下的鱼儿，在阳光或灯光的诱惑下便自动跳出冰孔，捕而烹食味道鲜美。

思考：青海湖的形成与其他青藏高原湖泊有何异同点？（请从自然和人为方面进行分析）

延伸推荐

1.《美丽西藏》，《美丽中国》编辑部编，中国旅游出版社2013年；关键词：西藏，旅游，文化。

2.《美丽西藏》，董恒年主编，蓝天出版社2014年；关键词：西藏，地理，自然景观，文化。

3.《天堂在左，西藏在右》，王连文著，北京联合出版公司2017年；关键词：西藏，自然景观，人文景观。

4.《美丽青海》，朱祖希主编，蓝天出版社2015年；关键词：青海，地理，自然景观，文化。

十七　美丽的格桑花

藏族有一个美丽的传说：不管是谁，只要找到了八瓣格桑花，就找到了幸福。所以格桑花寄托了藏族人民的美好祝福之意。

吉祥的格桑花生长在海拔5000米以上，它的故乡是西藏、青海、川西、滇西北那无边的大草原。它喜爱高原的阳光，也耐得住雪域的风寒。它陪伴在农舍边、点缀在小溪旁、躲藏于树林下，就像一位随和圣洁的女神守护着善良的藏族人民。

美丽的格桑花，象征着藏民族勇敢坚韧的性格，而藏民族世代相传的民俗风情也正像高原上的朵朵格桑花一样绽放着精彩，散发着古老文化的芬芳，耐人寻味。

主题阅读

每个节日都有故事

藏族是我国节日庆典最多的民族之一，一年里的节日约有40个，可以说月月都在过节，有的节日甚至会持续半个月以上。这些节日有的轻松狂欢，有的神秘庄严，有的拜佛祭神，有的祈求幸福，有的表演竞技；有专门为妇女儿童举行的节日，还有为忌日，为军事活动、为重大历史事件、为重温某个社会转折时期举行的节日。40多个节日纷繁多姿，交会融贯，形成一幅恢宏壮观的藏地风俗画卷，也寄托了藏族同胞们对过往岁月的纪念与心中虔诚而美好的祝愿。

新年贡品

一、隆重而热烈的藏历新年

说起藏历新年，要追溯到1027年。那时，藏族地区刚刚开始启用藏历，藏族群众便将每年的藏历正月初一定为新年第一天。新年大约持续3—5天，但从藏历十二月初，各家各户便开始准备年货。有些人家在水盆里泡上青稞种子培育青苗，有些人家用酥油和白面炸成各种形状的"卡赛"，即油馃子，如耳朵状的"古过"、长形的"那夏"、圆形的"布鲁"等。临近年关时，每家都会准备好"竹索琪玛"五谷斗，接着进行大扫除、摆新卡垫、贴年画、用干面粉在灶房里撒上"八吉祥徽"等。

到了除夕之夜，藏族人家要吃面团突巴，有些面团突巴里会特意包上一些石子、辣椒、木炭、羊毛等，石子代表心肠硬，木炭代表心黑，辣椒代表嘴如刀，羊毛代表心肠软。若有谁碰巧吃上这种面团突巴，在吐出时会引发满堂哄笑。初一这天，家庭主妇们将青苗、油馃子、羊头、五谷斗摆上供桌，天蒙蒙亮时就从河里背回"吉祥水"，而后叫醒全家人，排位坐定后，长辈端来"竹索琪玛"五谷斗，每人抓取几粒向上抛去表示祭神，最后才抓一点送进嘴里。按照传统习俗，长辈还会依次向后辈祝福"扎西德勒"，意即吉祥如意，后辈也会回敬说"扎西德勒彭松措"，意即吉祥如意功德圆满。这套仪式进行完毕，家人们才开始随意吃喝。

余下几天是亲朋好友互相走访的日子，男女老少穿上新装开始登门拜年、赠送哈达，处处洋溢着喜庆与欢乐。在新年期间，藏族群众还会在草地上跳起锅庄舞、弦子舞、演唱藏戏等，一些角力、投掷、拔河、赛马、射箭等活动亦会相继上演。

二、雪顿节看藏戏

雪顿节源于宗教。以前，藏传佛教某些支派的教徒在山上修行结束后，家里的亲人会带着酸奶前去迎接，并在返回途中载歌载舞，后来人们便将每年藏历的七月一日及其后三四天作为雪顿节，"雪顿"在藏语里的意思即"酸奶宴"。因为藏族群众每年都会在节日期间举办隆重的藏戏表演，所以同时也叫"藏戏节"。最隆重的雪顿节在哲蚌寺举行，节日当天，先要进行盛大的晒佛仪式。晒佛仪式一般从早上8点左右开始，10点以前需将大佛绘像顺利展开，一直到下午5点左右才会收起绘像。很多信徒与游客们若想目睹展开绘像的过程，

藏戏

得在天还未亮之前就在哲蚌寺占好位置。在接下来的几天内,藏区各地有名的藏戏团均会聚在拉萨罗布林卡内进行会演活动,整个场面极其热闹。

三、美妙的沐浴节

沐浴节在藏语里叫作"嘎玛日吉",即洗澡之意。它通常在藏历的七月六日至十二日间进行,距今已有700多年的历史。七月一向被藏族人民视作沐浴的最佳时节,沐浴节期间,不管是城市、农村还是郊区,不管是男女老幼,藏族人家几乎是全家出动,在河边溪畔搭起帐篷铺上卡垫,摆出酥油茶、青稞酒、糌粑等美食,尽情饱餐一顿后纷纷下河洗浴。老人们会在河边洗头擦身,年轻人在河里洗澡游泳,孩子们不停嬉水,女子们也会挤入河中尽情沐浴,顺便将家里的大堆衣服、被褥带来洗涮。他们希望这个吉祥的节日能为自己带来一生的好运。

沐浴节

藏族的传统节日还有很多,如转山会、采花节、望果节、女儿节、萨噶达瓦节、白来日追节等,每个节日都充满乐趣,延续着藏族的独特文化。

转山转水转佛塔

转山转湖是藏族人表示虔诚的一种方式,步行甚至一路磕头,围着圣山或圣湖,转一圈或多圈。羊年转湖,马年转山,猴年转森林,据说是佛祖给人间留下的旨意。修行者转山绕湖,便可得到无量的功德和渊博的知识,并能舍去自己的恶习和痛苦。

一、转山

"神山"冈仁波钦是冈底斯山的主峰,藏语意思是"雪山之宝"或"雪圣",是朝圣者心中的明灯,万千佛教徒的精神家园。每年都有各教派的信徒不远千里、历尽千辛万苦来到这里,沿途磕头祈祷,绕山参拜之后,才算功德圆满。转山尤以马年为盛,此年转山将会获得更多的好运,转一圈相当于其他年份转13圈,可增加12倍的功德。

每一个转山的朝圣者都经历着千辛万苦,以透支生命的代价走过海拔5300米的乱石大坂,翻过海拔5760米的卓玛拉山,转完全程57千米的山路。对每一

转山

个转山人而言,这是一次非常到位的精神孤旅,少数无比虔诚者也会五体投地对神山叩拜,他们从遥远的故乡开始,手上和膝上带着自己做的简易护套便三步一磕等身长头。他们常常只带最简单的食物,行进一年半载也不会放弃。他们绝不会少磕一步,遇有车辆阻挡或因进食、睡觉等原因暂停磕头,便在地上画线或用石头做标记,然后从标记处开始接着磕进。

转山环境的残酷使他们不知不觉中实现了对自己过去的超越。随着时间的流逝,越来越多的人在这条朝圣之路上留下了他们的足迹,也留下了越来越多的传说。

二、转湖

在纳木错,每年藏历四月至五月会有很多信徒前来转湖。据说,在其他的地方修行100年可以成佛的话,在纳木错修行只需弹指的时间便可。信徒传说,每到羊年,诸佛、菩萨、扩法神集会在纳木错设坛大兴法会,如果此时前往朝拜,转湖念经一次,胜过平时朝礼转湖念经10万次。所以,每到羊年僧俗信徒便不惜长途跋涉前往转湖一次,以得到莫大的安慰和幸福。这一活动每到藏历羊年的四月十五达到高潮,届时僧俗云集,香烟缭绕,热闹非凡。

转湖

由于纳木错面积太大，200多千米的湖岸线地形复杂，转湖一圈要20—30天，所以人们多用扎西半岛来代替纳木错。信徒们围在纳木错湖畔，围着著名的扎西岛不停地转经，在湖边和山崖上挂上五彩经幡，而且还会到湖边用圣水洗涤身体和衣物。

在纳木错湖畔遍布着玛尼堆，长年累月，一座座玛尼堆渐渐连起来，成为一堵上百米、大半人高的玛尼墙。每逢经过这里，信徒们一定要丢一颗石子，念一遍经文，在这里祈福朝拜。玛尼堆上悬挂着蓝白红绿黄五色经幡，随风摆动，每摆动一次就意味着向上天传送一遍经文。玛尼堆年复一年地增高，经幡一年几度更新。经幡上印的、经板上刻的、转经筒里藏的、香客口中念的，都是那常读常新的六字真言"唵嘛呢叭咪吽"。

藏族的转山转湖习俗与西藏自古以来的自然环境、宗教信仰等因素有关，这种习俗的传承不仅提升了藏族的精神修养，而且也对青藏高原的生态环境起到了很好的保护作用。

白色的崇拜

踏进雪域高原的色彩世界，藏族人民视为"美""善"象征的白色无所不在。坛城画中的东面方向用白色来表现，五色经幡中白色象征着云气，而藏戏中的白色面具特指男性角色……

在很久以前，藏族某部落在一次战斗中被对手重重包围。紧急关头，突然从对手身后杀出一队骑白马、穿白衣、戴白帽、手持银剑的人马，杀得对手丢盔弃甲、四处逃散。原来这队人马正是前两天首领派出去打猎的男女健儿，为了靠近对手而不被发现才选用了与雪山一样的白色作战。从此，这个部落只有英雄才能穿白衣骑白马，而白色也就成了该部落最崇拜的颜色。

藏族习俗中，对白色的崇尚给我们留下最深刻印象的莫过于"哈达"。凡遇贵客临门，主客双方均互赠雪白的哈达，以表达彼此间良好的祝愿。在此，白色作为一个人道德品行的评价标准，正如他们认为黑色是自私、反面、邪恶、非正道一样，白色总是同利他、正面、善良、纯洁、和平相联系。称赞一个人心地善良,品质高尚时,不少民族都爱以金子做比喻,但藏族更爱称善良高尚的人有"一颗洁白的心"。

哈达

藏族崇尚白色的例子还有很多,如藏历新年早上,人人都用掺了牛奶的水洗脸,这种水被称"白水",据说岁首用白水洗脸,可望一年得到好运;高寿老人本命年时会特意穿一件绘有日月图案的白色上衣,以示吉祥;藏族史诗《格萨尔王传》里的格萨尔王,同样头戴雪白的头盔,身着白色的铠甲,对尊者设白垫,在夺得城池后插上白色旗帜。

在几乎全民信教的西藏,常可看到在住房和比较重要的山口和圣地供奉三块大白石,旁边放许多小白石。在小丘形的白石玛尼堆旁僧人俗人下马脱帽,转"古拉",祈求上苍的恩赐和神灵的保佑。甚至那些每天转经的人们在转经路上随意看到一块白色鹅卵石也会很自然地拾起,再供放到高处或玛尼堆旁。

另外,白色牦牛会非常受崇拜。因为雅拉香波、冈底斯、念青唐古拉、阿尼玛卿、年保叶什则等青藏高原上的著名山神,它们的化身都是白牦牛。

藏族从古至今喜欢白色,究其渊源,自然昭示是一个重要缘由。藏族祖祖辈辈生活在茫茫的雪域高原,一个永远纯净的"白色世界",长年与冰雪为伍,白色与他们的生活密切相关。他们称自己的居住地为"卡哇坚",即"雪域",不少地名也可以看出这一特点,如著名的贡嘎山在藏语中有特定含义,贡为雪山,嘎为白色。白色,作为最突出的自然物象伴随着人的一生,白云、雪峰,地上的羊群、牦牛群,赖以生存的奶汁,得以保暖的皮袄、毡帽,都是白色。他们发自内心由衷地崇尚大自然赋予的白色之美,逐步形成"以白为善美,以黑为丑恶"的尚白观念。

千百年来,藏族人民把这种崇尚白色的审美意识,借自己丰富而颇有人情味的神话故事,委婉动听地表达出来,世世代代传颂。

拓展提升

唐卡是藏区盛行的一种古老的宗教卷轴画,常绘于丝绢或布帛上,绘画内容包括藏族的历史文化、宗教、民俗、人物、社会生活等各个方面，是了解西藏的一部"大百科全书"。

唐卡的制作程序分绘画、裱制、装饰三道工序，上下均有卷轴，可以悬挂起来欣赏。由于唐卡艺术的形成与宗教息息相关，使它的绘制内容非常集中，大都是藏传佛经中的人物及其相关的故事片段，再辅以高原上美丽的景色和传统的风俗人情：大到由上万人物组成的恢宏场景，小到一草一木、衣物装饰，无一不符合当地人们的真实生活，它既是宗教画卷，又是历史及民俗画卷。人物造像唐卡中最著名的作品是关于大昭寺举行传昭大法会盛况的手卷，这幅唐卡长27米，宽只有13厘米，上面绘制了1300多个人物形象，再现了当时一年一度的传昭仪式的繁荣盛况。

虽然唐卡艺术已经引起全世界的关注，但对于虔诚的佛教人士和藏族人民来说，更重视的是唐卡的修行功能。制作一幅唐卡便是积一次无量至善功德。藏区人民相信唐卡能庇佑家人幸福安康、吉祥好运，并不在意制作唐卡的昂贵，都愿意倾其所有制作唐卡，在家中膜拜供奉。

思考：唐卡与藏族文化之间有怎样的关系？它的文化价值体现在哪些方面？

延伸推荐

1.《人文西藏》丛书，张鹰主编，上海人民出版社2009年；关键词：宗教艺术，服饰，节庆礼仪，传统建筑，生活习俗，藏戏。

2.《藏地风俗》，廖东凡著，中国藏学出版社2008年；关键词：传统文化，民间生活，宗教。

十八　我要去西藏

佛光穿过无边的苍凉
有一个声音幸福安详
清晨我挥动白云的翅膀
夜晚我葡匐在你的天堂
生灵顺从雅鲁藏布江流淌
时光在布达拉宫越拉越长
我要去西藏
……

有人说西藏是一个你去之前就向往，走的时候舍不得，一离开就想念的地方。西藏带给你的不仅是蓝天、白云和让人疯狂的阳光，不仅是高原、雪山、草原和数不清的湖泊，不仅是寺庙、佛像、转经筒、桑烟和虔诚的喇嘛，更是它震撼魂魄的简单与纯净、博大与永恒。即便你已经见到了传说中的珠穆朗玛峰日照金山，即便你已经跟着藏民在世界的中心冈仁波钦神山转山，即便你已经到了全国最后不通公路的墨脱县，即便你已经看到了神秘的雅鲁藏布江大拐弯，你还是舍不得离开！

我要去西藏，万水千山，动情一场。

主题阅读

最美的风光在路上

318国道，奇迹般的沿着北纬30度延伸，成为中国人的景观大道，其西段川藏公路南线也成为进藏路线中最美的一条：向西翻越二郎山，沿途越过大渡河、雅砻江、金沙江、澜沧江、怒江上游，经雅江、理塘、巴塘过竹巴笼金沙江大桥入藏，再经芒康、左贡、邦达、八宿、然乌、波密、林芝、墨竹工卡、达孜抵拉萨。沿途得天独厚的自然景观，高天厚土的风土人情绽放着迷人的魅力。

自成都启程至"雨城"雅安，翻越雄秀的二郎山，逆大渡河而上，经瓦丹路到达梭坡雕楼，抵中国最美丽的乡村千碉之国——丹巴中路乡。丹巴中路是一个古老的地方，有新石器时代的生活遗址，古老的喇嘛寺，古朴的民居，多样的石碉……稍作停留后赶往新都桥，沿途可观赏绵延十几公里的牦牛沟、红石滩、八美草原、惠远寺、八美塔林。

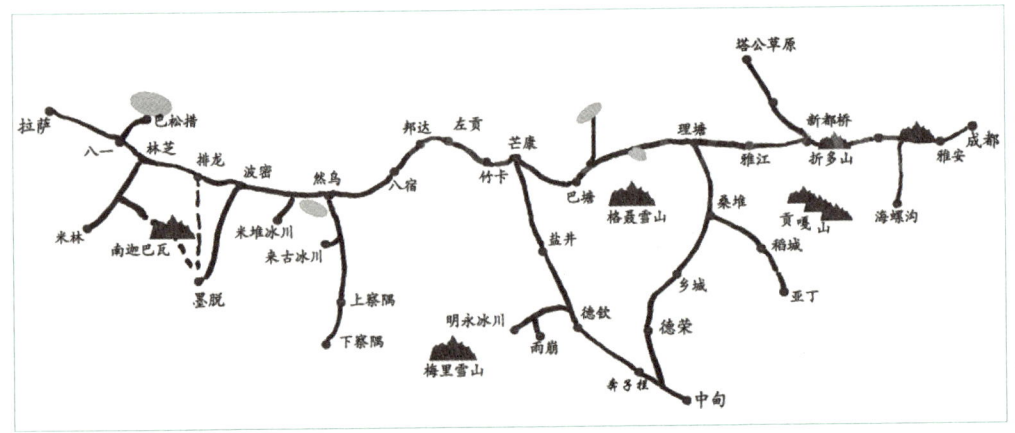

川藏南线

皑皑雪峰的神山下彩色经幡飘飘,美丽而神秘的玛尼堆和着经幡的呼呼声为远道而来的客人祈祷着……新都桥到了。

这是一片如诗如画的世外桃源。神奇的光线,无垠的草原,弯弯的小溪,金黄的柏杨,山峦连绵起伏,藏寨散落其间,牛羊安详地吃草……川西的平原风光美丽地绽放,这就是新都桥,令人神往的"光与影的世界""摄影家的天堂"。

继续前行翻越高尔寺山下行至雅江,再翻剪子弯山、卡子拉山,经世界高城理塘,翻越海子山,途经桑堆乡后抵达稻城县。亚丁景区位于稻城日瓦乡境内,属国家级自然保护区。亚丁的藏语意思为"向阳之地",是我国目前保存最完整、最原始的高山自然生态系统之一,呈现出世界美丽的高山峡谷自然风光,是中国香格里拉生态旅游区的核心区,被誉为"蓝色星球上最后一片净土""香格里拉之魂"。

新都桥

稻城亚丁

米堆冰川

由稻城折返一路西进，直到然乌湖景区。然乌湖是雅鲁藏布江支流——帕隆藏布的主要源头。然乌湖景色美丽，湖水湛蓝，湖边是绿茵茵的草场、田园和村庄，远处是茂密的原始森林，山顶是重叠起伏、终年不化的雪山。然乌湖在蓝天和银峰映衬下透出一股冷峻之美。

离开然乌湖要去看看米堆冰川。米堆冰川位于波密县玉普乡米美、米堆两村，是典型的海洋型冰川。西南季风从印度洋吹来的水汽，在米堆村一带产生大量降水，形成了这样一个冰雪的精灵。冰川由许多个冰瀑布构成，每个冰瀑布最低800米、宽至少1000米。米堆冰川是世界上海拔最低的冰川，冰川雪线海拔约4600米，最低处仅约2400米，这是一个奇迹般的存在。

继续前行，逆尼洋河而上，途中流连素有"西藏江南"之美誉的林芝，翻越米拉山口，经墨竹工卡到达圣城拉萨，"朝圣的路上总有阿妈放飞祈祷的经幡，仰望高原总有圣地千年不化的雪山，珠穆朗玛是那古海的巨浪，我为你神奇的传说歌唱，天上的西藏……"

羊八井洗尘

西藏地热资源丰富，温泉数量居全国之冠，藏族同胞自古以来就有泡温泉的传统，他们通过泡温泉驱寒、健身、治疗疾病。据说，在西藏泡温泉是讲究规矩的。人必须怀着虔诚的心，如果心不够虔诚，水就不热了。

羊八井

在西藏众多温泉中，有一处形态最奇特、创造了最大的经济价值的温泉景观——羊八井。羊八井位于青藏公路和中国通往尼泊尔公路的交叉点上，是西藏第一个地热开发试验区，已建有热电站、地热温室、温泉浴室等。羊八井除了有温泉、热泉、沸泉等普通温泉外，还拥有全国温度最高的水泉以及罕见的爆炸泉和间歇泉，总面积超过7000平方米，温度终年保持在47℃左右。

无论冬夏，羊八井每天的清晨都是最美的，由于空气比较冷，羊八井地热田一带总弥漫着凝结的白色雾气，20多个热泉孔翻涌着沸腾的泉水，巨大的蒸汽一团团从湖面冒出，仿佛人间仙境。

地热温泉是一种天然的药物，这里的温泉水含大量硫化氢，不含硫黄，对多种慢性病如风湿性关节炎、皮肤病、骨质疏松和骨质增生等都有很好的疗效，对软化血管、舒经活血和调理血压也有明显的作用。

羊八井丰富的地热资源是怎样形成的呢？相传很久以前，有一只金凤凰痛恨人间的黑暗，决心献出一只眼珠照亮人间。金凤凰把眼珠给了一位叫拉姆的姑娘，让她把眼珠高高举起，从此这里有了光明和幸福，人们高兴地把金凤凰的眼珠称为神灯。后来，这件事被一位农奴主知道了，想夺走神灯据为己有，姑娘不依，狠心的农奴主竟然用毒箭把神灯射碎，把姑娘射死，世界又陷入了黑暗。在神灯被射碎的地方，突然天崩地裂，出现了一个热水湖，把农奴主淹死在湖中。传说这些热水湖是拉姆姑娘流出的眼泪。羊八井就这样诞生了。

羊八井真是这样形成的吗？当然不是。地热的形成要具备两个条件：一是要有特殊的地质构造，使地球内部热量能够向上运行；另一个是要有地下水。羊八井地区就具备了这两个条件。据地质勘探结果表明，在100万年前，这里曾经出现过一次大规模的强烈地质构造活动，使这里形成了一个大的断裂层，这个断裂层的交会部位就在羊八井北面的念青唐古拉山。这里岩石破碎形成通道，使得地下的岩浆和热量能够涌向地面，加上念青唐古拉山有大量积雪，山后又有世界上海拔最高的大湖——纳木错，这些丰富的水源渗入地下，和地下的岩浆结合成为高温热水。由于地下热水有一定的压力，可以通过断裂地层涌出地球表面，羊八井就这样形成了。

布达拉宫朝佛

布达拉宫——世界屋脊上的明珠，在青藏高原纯净清澈的阳光照耀下，散发出动人心魄的壮观之美。

在五世达赖喇嘛所著的《西藏王臣记》中这样描写布达拉宫："松赞王同妃眷等渐次来到布达拉山，他们在那里修建了王宫，此宫好比是帝释天宫一样的雄壮悦目，又如日宫天女的月台那般华丽高贵。慑于藏王的荣威，都产生了一种非去拜谒一下藏王不可的念头。于是也就凭借西藏王宫新建之喜尽情表示敬意。"王宫的宫室"都装饰金铃、尘拂、珍珠网、璎珞等物，显得十分壮丽，堪与天宫相媲美"。

布达拉宫位于拉萨市西的布达拉山上，是达赖喇嘛行政和居住的宫殿，也是一组最大的藏式喇嘛教寺院建筑群，可以容纳2万余僧众。相传始建于公元7世纪松赞干布王时期，后来毁于兵燹，清朝顺治二年起，由五世达赖喇嘛重建，主要工程历时50年，后来又陆续增建，前前后后达300年之久。

布达拉宫依山而建，高达200余米，从外观看有13层，实际仅有9层，它起建于山腰，大面积的石壁屹立于峭壁，建筑仿佛与山冈合为一体，气势雄伟壮观。由于布达拉宫依山而建，经过漫长的石磴道行至山腰才到达宫殿的入口。这一处带箭窗的碉楼大部由白石砌成，只在外檐边及石栏墙用白玛草涂红装饰，外观简洁明快，被藏族人民称为"白宫"。上部中央的红宫是整个建筑群的主体，也是达赖喇嘛接受参拜及其行政机构场所，有经堂、佛殿、正厅、仓库、图书馆等。红宫的东面是达赖喇嘛的住所，比红宫的位置要低，装饰十分华丽。在主体建筑红宫前还有6公顷多的平坦地带，其中布置了管理机构、守卫室、印经院及监狱、佛像及佛具制造所。

布达拉宫宫墙

布达拉宫壁画

布达拉宫的红宫之上又建金殿3座和金塔5尊,阳光下金光灿烂,可以看出布达拉宫的建造在总平面上没有使用中轴线和对称布局,但在体量上和位置上强调红宫,色彩对比鲜明。

历经千年的沧桑,这座神秘的宫殿为什么还会在山上岿然不动呢?原来布达拉宫有着最令人赞叹的宫墙。宫墙整体为石木结构,深入岩层的墙基最厚达5米以上,向上逐渐收缩,到宫顶时,墙厚仅1米左右。墙身全部用花岗岩砌筑,高达数10米,每隔一段距离,中间灌注铁汁,进行加固,提高了墙体抗震能力,坚固稳定。

宫殿东墙由拉萨一带的石匠完成,墙角尖若刀尖;西墙由后藏石匠完成,讲求圆滑。传说,从东墙扔下一只完整的羊,当滑到墙底时,羊就会劈成两半;从西墙扔下一只鸡蛋,滚到下面却完好无损。有趣的是布达拉宫还有白玛草(柽柳)墙、草坯墙和牛粪墙,独具高原风格。

走进布达拉宫,西藏的千年历史尽在眼前。红白两宫,金碧辉煌是主色调,数不尽的珍宝、佛像、灵塔,看不完的壁画、唐卡,还有尘封了千年、布满灰尘的一本本藏经。现存最早的曲杰查布佛殿里,1300多年前的壁画至今色泽艳丽。这些壁画题材丰富,有神话传说、宗教故事和珍贵的历史资料、人物传记等。行走在迷宫一样的廊道,你可以尽情地体验藏文化的奇特意境,谛听慈爱的祝福与吟唱,感悟精神世界里的纯洁与宁静。

拓展提升

藏族同胞有着自己独特的食品结构和饮食习惯,其中酥油、茶叶、糌粑、牛羊肉被称为西藏饮食的"四宝",此外还有青稞酒和各式奶制品。

1. 茶叶

茶叶自传入西藏就深受藏族人民喜爱。酥油茶便是将砖茶或沱茶熬到色泽红黄时,再加酥油、盐巴打制而成的。

如果在其中加入核桃仁、葡萄干、鸡蛋、牛奶等，味道将更加香甜可口。

2. 酥油和糌粑

将青稞晒干炒熟后磨成面便成了藏族人的主食——糌粑。而酥油则是从牛奶、羊奶中提炼出来的黄油，营养丰富，是糌粑的良伴。吃糌粑时，在碗里放上一些酥油，冲入茶水，再加点糌粑面搅拌后即可。

糌粑

3. 牛羊肉

西藏人普遍爱吃肉，肉以牦牛肉和绵羊肉为主。风干肉是西藏非常有特色的一种食品。初冬时节，将牛羊肉割成小条，挂在阴凉通风处，任其冷冻并逐渐自然风干，到来年二三月份食用时，不仅肉质松脆，口味也独特。

思考：藏族的饮食特色是怎样形成的？

延伸推荐

1.《西藏与西藏人》，沈宗濂、柳陞祺著，中国藏学出版社2014年；关键词：自然环境，民族历史。

2.《国道318：与北纬30度同行》，黄波著，水利水电出版社2014年；关键词：318国道，人文风景，时代风貌。

3.《大美西藏》，李婉著，广东旅游出版社2007年；关键词：西藏，民俗，自然景观。

4.《孤独星球Lonely Planet旅行指南系列：西藏》，澳大利亚Lonely Planet公司编，中国地图出版社2016年；关键词：西藏，旅行，景观，民俗。

5.《走遍中国：西藏》，《走遍中国》编辑部编，中国旅游出版社2014年；关键词：西藏，旅行，景观，民俗。